Azijatska Čarolija Okusa
Kulinarstvo Dalekog Istoka na Vašem Stolu

Luka Horvat

Sažetak

Piletina u umaku od rajčice 10
piletina sa cherry rajčicama 11
Poširana piletina sa cherry rajčicama 12
Piletina i rajčice s umakom od crnog graha 13
Brzo kuhana piletina sa povrćem 14
Piletina sa orasima 15
Piletina sa orasima 16
Piletina s vodenim kestenima 17
Slana piletina s vodenim kestenima 18
pileći wontons 19
Hrskava pileća krilca 20
Pileća krilca s pet začina 21
Marinirana pileća krilca 22
prava pileća krilca 24
začinjena pileća krilca 26
Pileći bataci za roštilj 27
Hoisin pileća zabatka 28
Piletina u mokrom 29
Hrskavo pržena piletina 29
Cijelo pečeno pile 32
Piletina s pet začina 33
Piletina s vlascem i đumbirom 35
poširana piletina 36
Crvena kuhana piletina 37
Začinjena piletina pečena na crveno 38
Pečena piletina sa sezamom 39
Piletina u soja umaku 40
piletina kuhana na pari 41
Piletina kuhana na pari s anisom 42
Piletina čudnog okusa 43
Hrskavi komadići piletine 44
Piletina sa zelenim grahom 45

Kuhana piletina s ananasom 46
Piletina s paprikom i cherry rajčicama 47
piletina sa sezamom 48
Prženi pilići 49
puretina sa snježnim graškom 50
puretina s paprikom 52
Kineska pečena purica 54
Puretina s orasima i gljivama 55
Patka s mladicama bambusa 56
Patka s klicama graha 57
Dinstana patka 58
Patka kuhana na pari s celerom 59
patka s đumbirom 60
Patka sa zelenim grahom 61
Pečena patka na pari 62
Patka s egzotičnim voćem 63
Pečena patka s kineskim lišćem 65
pijana patka 66
Patka s pet začina 67
Pečena patka s đumbirom 68
Patka sa šunkom i porilukom 69
Patka pečena na medu 70
Vlažna pečena patka 71
Patka na soju sa gljivama 72
Patka s dvije gljive 74
Dinstana patka s lukom 75
Patka u umaku od naranče 77
Pečena patka s narančom 78
Patka s kruškama i kestenima 79
Pekinška patka 80
Pečena patka s ananasom 82
Pirjana patka s ananasom 83
Patka s đumbirom i ananasom 84
Patka s ananasom i ličijem 85
Patka sa svinjetinom i kestenjem 86
Patka s krumpirom 87

Kuhana crvena patka 89
Pečena patka u rižinom vinu... 90
Patka kuhana na pari s rižinim vinom 91
usoljena patka 92
Slana patka s mahunama 93
Sporo kuhana patka 94
Pirjana patka 96
Patka sa slatkim krumpirom 97
slatko-kisela patka 99
patka mandarina 100
Patka s povrćem 101
Pirjana patka s povrćem 103
Bijela kuhana patka 104
Patka u vinu 105
Patka kuhana na pari u vinu 106
pečeni fazan 107
Fazan s bademima 108
Srnetina sa suhim gljivama 109
posoljena jaja 110
jaja od soje 111
jaja za čaj 112
krema od jaja 113
jaja kuhana na pari 114
šunka kuhana na pari 115
slanina sa kupusom 116
Piletina od badema 117
Piletina s bademima i vodenim kestenima 119
Piletina sa bademima i povrćem 120
Piletina s anisom 121
marelica piletina 123
Piletina sa šparogama 124
Piletina Sa Patlidžanima 125
Rolovana piletina sa slaninom 126
Piletina s klicama graha 127
Piletina s umakom od crnog graha 128
Piletina s brokulom 129

Piletina sa kupusom i kikirikijem *130*
Piletina s indijskim oraščićima *131*
Piletina s kestenom *133*
Ljuta čili papričica s piletinom *134*
Piletina pirjana s čili papričicom *135*
Piletina na kineski način *137*
piletina, chow mein *138*
Hrskavo pržena piletina sa začinima *140*
Pečena piletina s krastavcima *141*
Chili i pileći curry *143*
Kineski pileći curry *144*
Brzi pileći curry *145*
Pileći curry s krumpirom *146*
Pržene pileće noge *147*
Pečena piletina s curry umakom *148*
pijana kokoš *149*
Slana piletina s jajima *150*
Rolice od pilećih jaja *152*
Pirjana piletina s jajima *154*
Dalekoistočna piletina *156*
foo mlada piletina *157*
Šunka i piletina Foo Yung *158*
Piletina pržena s đumbirom *159*
Piletina s đumbirom *160*
Piletina od đumbira s gljivama i kestenom *161*
zlatno pile *162*
Marinirani zlatni pileći paprikaš *163*
Zlatni novčići *165*
Piletina kuhana na pari sa šunkom *166*
Piletina s Hoisin umakom *167*
Medena piletina *168*
Kung Pao piletina *169*
Piletina Sa Porilukom *170*
Piletina s limunom *171*
Piletina s limunom pržena *173*
Pileća jetrica s mladicama bambusa *174*

Pržene pileće jetrice 175
Pileća jetrica sa snježnim graškom 176
Pileća jetrica s tijestom za palačinke 177
Pileća jetrica s umakom od kamenica 178
Pileća jetrica s ananasom 179
Slatko-kisela pileća jetrica 180
piletina s ličijem 181
Piletina s liči umakom 182
piletina sa snježnim graškom 183
mango piletina 184
Dinja punjena piletinom 185
Pečena piletina i gljive 186
Piletina s gljivama i kikirikijem 187
Pirjana piletina sa gljivama 189
Piletina kuhana na pari s gljivama 190
Piletina s lukom 191
Piletina s narančom i limunom 192
Piletina s umakom od kamenica 193
paketi piletine 194
Piletina s kikirikijem 195
Piletina s maslacem od kikirikija 196
piletina sa zelenim graškom 197
Pekinška piletina 198
Piletina Sa Paprikom 199
Pirjana piletina sa paprikom 201
piletina i ananas 203
Piletina s ananasom i ličijem 204
Piletina sa svinjetinom 205
Pirjana piletina s krumpirom 206
Five spice piletina s krumpirom 207
Crvena kuhana piletina 208
Pileće mesne okruglice 209
Slana piletina 210
Piletina sa sezamovim uljem 211
Sherry piletina 212
Piletina sa soja umakom 213

Začinjena pečena piletina.. *214*
Piletina sa špinatom.. *216*
Marinirana svinjetina sa kupusom *217*

Piletina u umaku od rajčice

Za 4 osobe

30 ml/2 žlice ulja od kikirikija (kikiriki).
5 ml/1 žličica soli
2 češnja češnjaka, zgnječena
450 g/1 lb piletine, narezane na kocke
300 ml/½ pt/1¼ šalice pileće juhe
120 ml/4 fl oz/½ šalice umaka od rajčice (ketchup)
15 ml/1 žlica kukuruznog brašna (kukuruzni škrob)
4 mlada luka (mladi luk), narezana na ploške

Zagrijte ulje sa soli i češnjakom dok češnjak lagano ne porumeni. Dodajte piletinu i pržite dok lagano ne porumeni. Dodajte veći dio temeljca, zakuhajte, poklopite i pirjajte oko 15 minuta dok piletina ne omekša. Pomiješajte preostalu juhu s kečapom i kukuruznim brašnom i umiješajte u tavu. Kuhajte na laganoj vatri uz miješanje dok se umak ne zgusne i postane proziran. Ako je umak previše tekuć, pustite da se lagano kuha dok se ne reducira. Dodajte ljutiku i pirjajte 2 minute prije posluživanja.

piletina sa cherry rajčicama

Za 4 osobe

225g/8oz piletine narezane na kockice
15 ml/1 žlica kukuruznog brašna (kukuruzni škrob)
15 ml/1 žlica soja umaka
15 ml/1 žlica rižinog vina ili suhog šerija
45 ml/3 žlice ulja od kikirikija
1 glavica luka nasjeckana
60 ml/4 žlice pilećeg temeljca
5 ml/1 žličica soli
5 ml/1 žličica šećera
2 rajčice ogulite i narežite na kockice

Pomiješajte piletinu s kukuruznim brašnom, soja umakom i vinom ili šerijem i ostavite da odstoji 30 minuta. Zagrijte ulje i pržite piletinu dok ne dobije svijetlu boju. Dodajte luk i pirjajte dok ne omekša. Dodajte temeljac, sol i šećer, zakuhajte i lagano miješajte na laganoj vatri dok se piletina ne skuha. Dodajte rajčice i miješajte dok se dobro ne skuhaju.

Poširana piletina sa cherry rajčicama

Za 4 osobe

4 porcije piletine
4 rajčice ogulite i narežite na četvrtine
15 ml/1 žlica rižinog vina ili suhog šerija
15 ml/1 žlica ulja od kikirikija
sol

Stavite piletinu u tepsiju i prelijte je hladnom vodom. Pustite da zavrije, poklopite i kuhajte 20 minuta. Dodajte rajčice, vino ili sherry, ulje i sol, poklopite i pirjajte još 10 minuta dok piletina ne bude pečena. Piletinu stavite na topli tanjir za posluživanje i narežite na porcije. Zagrijte umak i njime prelijte piletinu za posluživanje.

Piletina i rajčice s umakom od crnog graha

Za 4 osobe

45 ml/3 žlice ulja od kikirikija
1 češanj češnjaka, zgnječen
45 ml/3 žlice umaka od crnog graha
225g/8oz piletine narezane na kockice
15 ml/1 žlica rižinog vina ili suhog šerija
5 ml/1 žličica šećera
15 ml/1 žlica soja umaka
90 ml/6 žlica pileće juhe
3 rajčice ogulite i narežite na četvrtine
10 ml/2 žličice kukuruznog brašna (kukuruzni škrob)
45 ml/3 žlice vode

Zagrijte ulje i pržite češnjak 30 sekundi. Dodajte umak od crnog graha i pržite 30 sekundi, zatim dodajte piletinu i miješajte dok se dobro ne prekrije uljem. Dodajte vino ili šeri, šećer, sojin umak i temeljac, zakuhajte, poklopite i kuhajte oko 5 minuta dok piletina ne bude kuhana. Pomiješajte kukuruzni škrob i vodu u pastu, dodajte je u tavu i kuhajte na laganoj vatri uz miješanje dok umak ne postane bistar i zgusne se.

Brzo kuhana piletina sa povrćem

Za 4 osobe

1 bjelanjak

50 g/2 oz kukuruznog brašna (kukuruzni škrob)

225 g pilećih prsa, narezanih na trakice

75 ml/5 žlica ulja od kikirikija

200 g mladica bambusa, narezanih na trakice

50 g klica soje

1 zelena paprika, narezana na trakice

3 mlada luka (mladi luk), narezana na ploške

1 kriška korijena đumbira, nasjeckana

1 režanj češnjaka, samljeven

15 ml/1 žlica rižinog vina ili suhog šerija

Istucite bjelanjak i kukuruzni škrob pa u smjesu umočite pileće trakice. Zagrijte ulje na umjerenoj temperaturi i pržite piletinu nekoliko minuta dok ne bude pečena. Izvadite iz posude i dobro ocijedite. Dodajte mladice bambusa, klice graha, papar, luk, đumbir i češnjak u tavu i pirjajte 3 minute. Dodajte vino ili šeri i vratite piletinu u tavu. Dobro izmiješajte i zagrijte prije posluživanja.

Piletina sa orasima

Za 4 osobe

45 ml/3 žlice ulja od kikirikija
2 mlada luka (mladi luk), nasjeckana
1 kriška korijena đumbira, nasjeckana
450 g pilećih prsa, narezanih na vrlo tanke ploške
50 g šunke, naribane
30 ml/2 žlice soja umaka
30 ml/2 žlice rižinog vina ili suhog šerija
5 ml/1 žličica šećera
5 ml/1 žličica soli
100 g/4 oz/1 šalica nasjeckanih oraha

Zagrijte ulje i pirjajte luk i đumbir 1 minutu. Dodajte piletinu i šunku i pržite 5 minuta dok ne bude gotovo kuhano. Dodajte sojin umak, vino ili šeri, šećer i sol i pirjajte 3 minute. Dodajte orahe i pirjajte 1 minutu dok se sastojci dobro ne sjedine.

Piletina sa orasima

Za 4 osobe

100 g/4 oz/1 šalica oljuštenih oraha, prepolovljenih
Pržiti ulje
45 ml/3 žlice ulja od kikirikija
2 kriške nasjeckanog korijena đumbira
225g/8oz piletine narezane na kockice
100 g izdanaka bambusa, narezanih
75 ml/5 žlica pilećeg temeljca

Pripremite orahe, zagrijte ulje i popržite ih dok ne porumene te ih dobro ocijedite. Zagrijte kikiriki ulje i pržite đumbir 30 sekundi. Dodajte piletinu i pržite dok lagano ne porumeni. Dodajte preostale sastojke, zakuhajte i uz miješanje kuhajte dok se piletina ne skuha.

Piletina s vodenim kestenima

Za 4 osobe

45 ml/3 žlice ulja od kikirikija
2 češnja češnjaka, zgnječena
2 mlada luka (mladi luk), nasjeckana
1 kriška korijena đumbira, nasjeckana
225 g pilećih prsa, narezanih na trakice
100 g vodenog kestena, narezanog na ploške
45 ml/3 žlice soja umaka
15 ml/1 žlica rižinog vina ili suhog šerija
5 ml/1 žličica kukuruznog brašna (kukuruzni škrob)

Zagrijte ulje i popržite češnjak, ljutiku i đumbir dok lagano ne porumene. Dodajte piletinu i pirjajte 5 minuta. Dodajte vodene kestene i pržite ih 3 minute. Dodajte sojin umak, vino ili šeri i kukuruzni škrob i pirjajte oko 5 minuta dok piletina ne bude pečena.

Slana piletina s vodenim kestenima

Za 4 osobe

30 ml/2 žlice ulja od kikirikija (kikiriki).

4 komada piletine

3 ljutike (mladi luk), nasjeckane

2 češnja češnjaka, zgnječena

1 kriška korijena đumbira, nasjeckana

250 ml/8 tečnih oz/1 šalica soja umaka

30 ml/2 žlice rižinog vina ili suhog šerija

30 ml/2 žlice smeđeg šećera

5 ml/1 žličica soli

375 ml/13 tečnih oz/1 ¼ šalice vode

225 g/8 oz vodenih kestena, narezanih na ploške

15 ml/1 žlica kukuruznog brašna (kukuruzni škrob)

Zagrijte ulje i pržite komade piletine dok ne porumene. Dodajte ljutiku, češnjak i đumbir i pirjajte 2 minute. Dodajte sojin umak, vino ili šeri, šećer i sol i dobro promiješajte. Dodajte vodu i zakuhajte, poklopite i kuhajte 20 minuta. Dodajte vodene kestene, poklopite i kuhajte još 20 minuta. Kukuruzni škrob pomiješajte s malo vode, dodajte u umak i kuhajte na laganoj vatri uz miješanje dok se umak ne izbistri i ne zgusne.

pileći wontons

Za 4 osobe

4 sušene kineske gljive
450g/1lb nasjeckanih pilećih prsa
225g/8oz miješanog povrća, nasjeckanog
1 mladi luk (kapula), nasjeckan
15 ml/1 žlica soja umaka
2,5 ml/½ žličice soli
40 skinova wontona
1 razmućeno jaje

Gljive namočite u toploj vodi 30 minuta, a zatim ih ocijedite. Uklonite peteljke i nasjeckajte klobuke. Pomiješajte s piletinom, povrćem, soja umakom i soli.

Da biste presavili wonton, držite kožu dlanom lijeve ruke i žličicom unesite malo nadjeva u sredinu. Navlažite rubove jajetom i presavijte kožu u trokut, zalijepite rubove. Kutove navlažite jajetom i okrenite.

Zakuhajte lonac vode. Dodajte wontons i kuhajte oko 10 minuta dok ne isplivaju na površinu.

Hrskava pileća krilca

Za 4 osobe

900 g/2 lb pilećih krilaca
60 ml/4 žlice rižinog vina ili suhog šerija
60 ml/4 žlice soja umaka
50 g/2 unce/½ šalice kukuruznog brašna (kukuruzni škrob)
ulje od kikirikija (kikiriki) za prženje

Stavite pileća krilca u zdjelu. Pomiješajte preostale sastojke i prelijte preko pilećih krilaca, dobro promiješajte da se obliože umakom. Pokrijte i ostavite da odstoji 30 minuta. Zagrijte ulje i malo po malo pržite piletinu dok ne bude dobro pečena i zlatno smeđa. Dobro ocijedite na kuhinjskom papiru i držite na toplom dok pržite ostatak piletine.

Pileća krilca s pet začina

Za 4 osobe

30 ml/2 žlice ulja od kikirikija (kikiriki).
2 češnja češnjaka, zgnječena
450g/1lb pilećih krilaca
250 ml/8 tečnih oz/1 šalica pileće juhe
30 ml/2 žlice soja umaka
5 ml/1 žličica šećera
5 ml/1 žličica praha pet začina

Zagrijte ulje i češnjak dok se češnjak lagano ne zapeče. Dodajte piletinu i pržite dok lagano ne porumeni. Dodajte preostale sastojke, dobro promiješajte i pustite da zavrije. Poklopite i kuhajte oko 15 minuta dok piletina ne bude pečena. Maknite poklopac i nastavite kuhati na laganoj vatri uz povremeno miješanje dok gotovo sva tekućina ne ispari. Poslužite toplo ili hladno.

Marinirana pileća krilca

Za 4 osobe

45 ml/3 žlice soja umaka

45 ml/3 žlice rižinog vina ili suhog šerija

30 ml/2 žlice smeđeg šećera

5 ml/1 žličica naribanog korijena đumbira

2 češnja češnjaka, zgnječena

6 mladog luka (mladi luk), narezanog na ploške

450g/1lb pilećih krilaca

30 ml/2 žlice ulja od kikirikija (kikiriki).

225g/8oz mladica bambusa, narezanih

20 ml/4 žličice kukuruznog brašna (kukuruzni škrob)

175 ml/6 tečnih oz/¾ šalice pileće juhe

Pomiješajte soja umak, vino ili šeri, šećer, đumbir, češnjak i ljutiku. Dodajte pileća krilca i promiješajte da se potpuno obliže. Pokrijte i ostavite da odstoji 1 sat uz povremeno miješanje. Zagrijte ulje i pirjajte mladice bambusa 2 minute. Izvadite ih iz posude. Ocijedite piletinu i luk, a marinadu ostavite. Zagrijte ulje i pržite piletinu sa svih strana dok ne porumeni. Poklopite i kuhajte još 20 minuta dok piletina ne omekša. Pomiješajte kukuruzni škrob s juhom i ostavljenom marinadom. Prelijte preko piletine i kuhajte uz miješanje dok se umak ne zgusne. Dodajte mladice bambusa i kuhajte uz miješanje još 2 minute.

prava pileća krilca

Za 4 osobe

12 pilećih krilaca
250 ml/8 tečnih oz/1 šalica ulja od kikirikija
15 ml/1 žlica šećera u prahu
2 ljutike (mladi luk), narezane na komade
5 kriški korijena đumbira
5 ml/1 žličica soli
45 ml/3 žlice soja umaka
250 ml/8 tečnih oz/1 šalica rižinog vina ili suhog šerija
250 ml/8 tečnih oz/1 šalica pileće juhe
10 kriški izdanaka bambusa
15 ml/1 žlica kukuruznog brašna (kukuruzni škrob)
15 ml/1 žlica vode
2,5 ml/½ žličice sezamovog ulja

Pileća krilca blanširajte u kipućoj vodi 5 minuta pa ih dobro ocijedite. Zagrijte ulje, dodajte šećer i miješajte dok se ne otopi i dobije zlatnu boju. Dodajte piletinu, ljutiku, đumbir, sol, sojin umak, vino i temeljac, zakuhajte i kuhajte 20 minuta. Dodajte mladice bambusa i kuhajte 2 minute ili dok tekućina gotovo potpuno ne ispari. Pomiješajte kukuruzni škrob s vodom, dodajte u tavu i miješajte dok se ne zgusne. Pileća krilca premjestite na topli pladanj za posluživanje i poslužite poškropljena sezamovim uljem.

začinjena pileća krilca

Za 4 osobe

30 ml/2 žlice ulja od kikirikija (kikiriki).
5 ml/1 žličica soli
2 češnja češnjaka, zgnječena
900 g/2 lb pilećih krilaca
30 ml/2 žlice rižinog vina ili suhog šerija
30 ml/2 žlice soja umaka
30 ml/2 žlice pirea od rajčice (pasta)
15 ml/1 žlica Worcestershire umaka

Zagrijte ulje, sol i češnjak te pržite dok češnjak lagano ne porumeni. Dodajte pileća krilca i pržite, često miješajući, oko 10 minuta dok ne porumene i budu gotovo kuhana. Dodajte preostale sastojke i pirjajte oko 5 minuta dok piletina ne postane hrskava i kuhana.

Pileći bataci za roštilj

Za 4 osobe

16 pilećih bataka
30 ml/2 žlice rižinog vina ili suhog šerija
30 ml/2 žlice vinskog octa
30 ml/2 žlice maslinovog ulja
sol i svježe mljeveni papar
120 ml/4 fl oz/½ šalice soka od naranče
30 ml/2 žlice soja umaka
30 ml/2 žlice meda
15 ml/1 žlica soka od limuna
2 kriške nasjeckanog korijena đumbira
120 ml/4 fl oz/½ šalice ljutog umaka

Pomiješajte sve sastojke osim ljutog umaka, poklopite i marinirajte u hladnjaku preko noći. Izvadite piletinu iz marinade i pecite je na roštilju ili pecite oko 25 minuta, okrećući je i podlijevajući vrućim umakom dok se kuha.

Hoisin pileća zabatka

Za 4 osobe

8 pilećih bataka
600 ml/1 pt/2½ šalice pileće juhe
sol i svježe mljeveni papar
250 ml/8 tečnih oz/1 šalica hoisin umaka
30 ml/2 žlice glatkog brašna (višenamjenskog)
2 razmućena jaja
100g/4oz/1 šalica krušnih mrvica
Pržiti ulje

Batake i temeljac stavite u lonac, zakuhajte, poklopite i kuhajte 20 minuta dok ne pokuhaju. Izvadite piletinu iz posude i osušite je na kuhinjskom papiru. Stavite piletinu u zdjelu i začinite solju i paprom. Prelijte umakom od hoisina i marinirajte 1 sat. Ocijediti. Piletinu udubite u brašno, pa je prekrijte jajima i prezlama, pa opet jaje i prezle. Zagrijte ulje i pržite piletinu oko 5 minuta dok ne porumeni. Ocijedite na kuhinjskom papiru i poslužite toplo ili hladno.

Piletina u mokrom

Poslužuje 4–6

75 ml/5 žlica ulja od kikirikija
1 piletina
3 mlada luka (mladi luk), narezana na ploške
3 kriške korijena đumbira
120 ml/4 fl oz/½ šalice soja umaka
30 ml/2 žlice rižinog vina ili suhog šerija
5 ml/1 žličica šećera

Zagrijte ulje i pržite piletinu dok ne porumeni. Dodajte ljutiku, đumbir, sojin umak i vino ili šeri i pustite da zavrije. Poklopite i kuhajte 30 minuta uz povremeno miješanje. Dodajte šećer, poklopite i kuhajte još 30 minuta dok piletina ne bude pečena.

Hrskavo pržena piletina

Za 4 osobe

1 piletina

sol

30 ml/2 žlice rižinog vina ili suhog šerija

3 ljutike (mladi luk), nasjeckane

1 kriška korijena đumbira

30 ml/2 žlice soja umaka

30ml/2 žlice šećera

5 ml/1 žličica cijelih klinčića

5 ml/1 žličica soli

5 ml/1 žličica papra u zrnu

150 ml/¼ pt/½ izdašne šalice pilećeg temeljca

Pržiti ulje

1 zelena salata, naribana

4 rajčice, narezane na ploške

½ krastavca, narezanog na ploške

Natrljajte piletinu solju i ostavite da odstoji 3 sata. Isperite i stavite u posudu. Dodajte vino ili šeri, đumbir, sojin umak, šećer, klinčiće, sol, papar u zrnu i temeljac te dobro podlijte. Zdjelu stavite u kuhalo za paru, poklopite i kuhajte na pari oko 2 i četvrt sata dok piletina ne bude pečena. Ocijediti. Zagrijte ulje dok se ne zadimi pa dodajte piletinu i pržite dok ne porumeni. Pržite još 5 minuta, zatim izvadite iz ulja i ocijedite.

Narežite ga na komade i posložite na topli tanjir za posluživanje. Ukrasite zelenom salatom, rajčicama i krastavcima te poslužite s umakom od papra i soli.

Cijelo pečeno pile

5 porcija

1 piletina
10 ml/2 žličice soli
15 ml/1 žlica rižinog vina ili suhog šerija
2 mlada luka (mladi luk), prepolovljena
3 kriške korijena đumbira, narezane na trakice
Pržiti ulje

Osušite piletinu i istrljajte kožu solju i vinom ili šerijem. U udubljenje stavite ljutiku i đumbir. Ostavite piletinu da se suši na hladnom mjestu oko 3 sata. Zagrijte ulje i stavite piletinu u košaru za prženje. Nježno spustite u ulje i kontinuirano prskajte iznutra i izvana dok piletina ne dobije laganu boju. Izvadite iz ulja i ostavite da se malo ohladi dok zagrijavate ulje. Ponovno pržite dok ne porumene. Dobro ih ocijedite pa narežite na komade.

Piletina s pet začina

Poslužuje 4–6

1 piletina

120 ml/4 fl oz/½ šalice soja umaka

2,5 cm / 1 komad nasjeckanog korijena đumbira

1 češanj češnjaka, zgnječen

15 ml/1 žlica praha pet začina

30 ml/2 žlice rižinog vina ili suhog šerija

30 ml/2 žlice meda

2,5 ml/½ žličice sezamovog ulja

Pržiti ulje

30 ml/2 žlice soli

5 ml/1 žličica svježe mljevenog papra

Stavite piletinu u veliki lonac i napunite je vodom do pola buta. Sačuvajte 15 ml/1 žličicu sojinog umaka, a ostatak dodajte u tavu s đumbirom, češnjakom i polovicom pet začina u prahu. Pustite da zavrije, poklopite i kuhajte 5 minuta. Ugasite vatru i ostavite piletinu u vodi dok voda ne postane mlaka. Ocijediti.

Piletinu prepolovite po dužini i stavite je prerezanom stranom prema dolje na lim za pečenje. Pomiješajte preostali sojin umak i pet začina u prahu s vinom ili šerijem, medom i sezamovim uljem. Smjesu utrljajte u piletinu i ostavite da odstoji 2 sata uz povremeno mazanje smjesom. Zagrijte ulje i pržite pileće polovice oko 15 minuta dok ne porumene i budu pečene. Ocijedite ih na kuhinjskom papiru i narežite na porcije.

U međuvremenu pomiješajte sol i papar te zagrijte na suhoj tavi oko 2 minute. Poslužite kao umak uz piletinu.

Piletina s vlascem i đumbirom

Za 4 osobe

1 piletina
2 kriške korijena đumbira, narezane na trakice
sol i svježe mljeveni papar
90 ml/4 žlice ulja od kikirikija
8 ljutika (mladi luk), sitno nasjeckanih
10 ml/2 žličice bijelog vinskog octa
5 ml/1 žličica soja umaka

Stavite piletinu u veliki lonac, dodajte pola đumbira i ulijte toliko vode da skoro prekrije piletinu. Posolite i popaprite. Zakuhajte, poklopite i kuhajte oko 1½ sat dok ne omekša. Pustite piletinu da odstoji u juhi dok se ne ohladi. Ocijedite piletinu i stavite u hladnjak da se ohladi. Narežite na porcije.

Ostatak đumbira naribajte i pomiješajte s uljem, ljutikom, vinskim octom, sojinim umakom, soli i paprom. Ostavite u hladnjaku 1 sat. Stavite komade piletine u zdjelu za posluživanje i prelijte ih umakom od đumbira. Poslužite uz kuhanu rižu.

poširana piletina

Za 4 osobe

1 piletina
1,2 l/2 kom/5 šalica pilećeg temeljca ili vode
30 ml/2 žlice rižinog vina ili suhog šerija
4 ljutike (mladi luk), nasjeckane
1 kriška korijena đumbira
5 ml/1 žličica soli

Stavite piletinu u veliki lonac sa svim preostalim sastojcima. Juha ili voda trebaju dosezati do sredine buta. Zakuhajte, poklopite i kuhajte oko 1 sat dok se piletina ne skuha. Ocijedite ih, a juhu sačuvajte za juhe.

Crvena kuhana piletina

Za 4 osobe

1 piletina

250 ml/8 tečnih oz/1 šalica soja umaka

Stavite piletinu u tavu, prelijte je soja umakom i dodajte vodu dok skoro ne prekrije piletinu. Pustite da zavrije, poklopite i kuhajte oko 1 sat dok se piletina ne skuha uz povremeno miješanje.

Začinjena piletina pečena na crveno

Za 4 osobe

2 kriške korijena đumbira
2 vlasca (mladi luk)
1 piletina
3 režnja zvjezdastog anisa
½ štapića cimeta
15 ml/1 žlica sečuanskog papra u zrnu
75 ml/5 žlica soja umaka
75 ml/5 žlica rižinog vina ili suhog šerija
75 ml/5 žlica sezamovog ulja
15 ml/1 žlica šećera

Stavite đumbir i mladi luk u šupljinu piletine i stavite piletinu u tavu. Zavežite zvjezdasti anis, cimet i zrna papra u muslinsku krpu i dodajte u tavu. Prelijte umakom od soje, vinom ili šerijem i sezamovim uljem. Pustite da zavrije, poklopite i kuhajte oko 45 minuta. Dodajte šećer, poklopite i kuhajte još 10 minuta dok piletina ne bude pečena.

Pečena piletina sa sezamom

Za 4 osobe

50 g sezamovih sjemenki
1 glavica luka sitno nasjeckana
2 češnja češnjaka, mljevena
10 ml/2 žličice soli
1 sušeni crveni čili, nasjeckan
prstohvat mljevenog klinčića
2,5 ml/½ žličice mljevenog kardamoma
2,5 ml/½ žličice mljevenog đumbira
75 ml/5 žlica ulja od kikirikija
1 piletina

Pomiješajte sve začine i ulje pa premažite piletinu. Stavite na lim za pečenje i dodajte 30ml/2 žlice vode u posudu za pečenje. Pecite u prethodno zagrijanoj pećnici na 180°C/350°F/plinska oznaka 4 oko 2 sata, povremeno četkajući i okrećući piletinu, dok ne porumeni i bude pečeno. Po potrebi dodati još malo vode da ne zagori.

Piletina u soja umaku

Poslužuje 4–6

300 ml/½ pt/1¼ šalice soja umaka

300 ml/½ pt/1¼ šalice rižinog vina ili suhog šerija

1 glavica luka nasjeckana

3 kriške nasjeckanog korijena đumbira

50g/2oz/¼ šalice šećera

1 piletina

15 ml/1 žlica kukuruznog brašna (kukuruzni škrob)

60 ml/4 žlice vode

1 krastavac, oguljen i narezan na ploške

30 ml/2 žlice nasjeckanog svježeg peršina

U loncu pomiješajte sojin umak, vino ili šeri, luk, đumbir i šećer i zakuhajte. Dodajte piletinu, vratite da zavrije, poklopite i pirjajte 1 sat, povremeno okrećući piletinu, dok ne bude kuhana. Premjestite piletinu na topli tanjur za posluživanje i narežite je. Ulijte sve osim 250 ml/8 tečnih oz/1 šalice tekućine za kuhanje i ponovno zakuhajte. Pomiješajte kukuruzni škrob i vodu u pastu, dodajte je u tavu i kuhajte na laganoj vatri uz miješanje dok umak ne postane bistar i zgusne se. Preko piletine premažite umakom i ukrasite piletinu krastavcem i peršinom. Preostali umak poslužite posebno.

piletina kuhana na pari

Za 4 osobe

1 piletina

45 ml/3 žlice rižinog vina ili suhog šerija

sol

2 kriške korijena đumbira

2 vlasca (mladi luk)

250 ml/8 tečnih oz/1 šalica pileće juhe

Stavite piletinu u posudu pogodnu za pećnicu i natrljajte je vinom ili šerijem i solju te stavite đumbir i ljutiku u udubljenje. Zdjelu stavite na rešetku u loncu za kuhanje na pari, poklopite i kuhajte na pari iznad kipuće vode oko 1 sat dok se ne skuha. Poslužite toplo ili hladno.

Piletina kuhana na pari s anisom

Za 4 osobe

250 ml/8 tečnih oz/1 šalica soja umaka
250 ml/8 tečnih oz/1 šalica vode
15 ml/1 žlica smeđeg šećera
4 režnja zvjezdastog anisa
1 piletina

Pomiješajte sojin umak, vodu, šećer i anis u loncu i zakuhajte na laganoj vatri. Stavite piletinu u zdjelu i dobro pospite smjesu izvana i iznutra. Ponovno zagrijte smjesu i ponovite. Stavite piletinu u posudu pogodnu za pećnicu. Zdjelu stavite na rešetku u loncu za kuhanje na pari, poklopite i kuhajte na pari iznad kipuće vode oko 1 sat dok se ne skuha.

Piletina čudnog okusa

Za 4 osobe

1 piletina

5 ml/1 žličica nasjeckanog korijena đumbira

5 ml/1 žličica mljevenog češnjaka

45 ml/3 žlice gustog soja umaka

5 ml/1 žličica šećera

2,5 ml/½ žličice vinskog octa

10 ml/2 žličice umaka od sezama

5 ml/1 žličica svježe mljevenog papra

10 ml/2 žličice čili ulja

½ zelene salate, naribane

15 ml/1 žlica nasjeckanog svježeg korijandera

Stavite piletinu u lonac i napunite je vodom do polovice pilećih bataka. Pustite da zavrije, poklopite i kuhajte oko 1 sat dok piletina ne omekša. Izvadite iz posude, dobro ocijedite i uronite u ledenu vodu dok se meso potpuno ne ohladi. Dobro ocijedite i narežite na komade od 5 cm/2. Pomiješajte sve preostale sastojke i prelijte preko piletine. Poslužite ukrašeno zelenom salatom i cilantrom.

Hrskavi komadići piletine

Za 4 osobe

100g/4oz glatkog brašna (višenamjenskog)

prstohvat soli

15 ml/1 žlica vode

1 jaje

350g/12oz kuhane piletine, narezane na kockice

Pržiti ulje

Brašno, sol, vodu i jaje miješajte dok ne dobijete prilično gusto tijesto, po potrebi dodajte još malo vode. Umočite komade piletine u tijesto dok se dobro ne prekriju. Zagrijte ulje dok se ne zagrije i pržite piletinu nekoliko minuta dok ne postane hrskava i zlatna.

Piletina sa zelenim grahom

Za 4 osobe

45 ml/3 žlice ulja od kikirikija

450 g/lb kuhane piletine, narezane na komade

5 ml/1 žličica soli

2,5 ml/½ žličice svježe mljevenog papra

225 g zelenih mahuna, narezanih na komade

1 stabljika celera, dijagonalno izrezana

225g/8oz šampinjona, narezanih

250 ml/8 tečnih oz/1 šalica pileće juhe

30 ml/2 žlice kukuruznog brašna (kukuruzni škrob)

60 ml/4 žlice vode

10 ml/2 žličice soja umaka

Zagrijte ulje i ispecite piletinu, začinite solju i paprom dok lagano ne porumeni. Dodajte grah, celer i gljive i dobro promiješajte. Dodajte juhu, zakuhajte, poklopite i kuhajte 15 minuta. Pomiješajte kukuruzni škrob, vodu i sojin umak da dobijete pastu, dodajte u tavu i kuhajte na laganoj vatri, miješajući, dok umak ne postane bistar i zgusne se.

Kuhana piletina s ananasom

Za 4 osobe

45 ml/3 žlice ulja od kikirikija
225g/8oz kuhane piletine, narezane na kockice
sol i svježe mljeveni papar
2 stabljike celera, dijagonalno izrezane
3 kriške ananasa, izrezati na komade
120 ml/4 fl oz/½ šalice pileće juhe
15 ml/1 žlica soja umaka
10 ml/2 žlice kukuruznog brašna (kukuruzni škrob)
30 ml/2 žlice vode

Zagrijte ulje i pržite piletinu dok lagano ne porumeni. Začinite solju i paprom, dodajte celer i pržite 2 minute. Dodajte ananas, juhu i sojin umak i miješajte nekoliko minuta dok se dobro ne skuha. Pomiješajte kukuruzni škrob i vodu u pastu, dodajte je u tavu i kuhajte na laganoj vatri uz miješanje dok umak ne postane bistar i zgusne se.

Piletina s paprikom i cherry rajčicama

Za 4 osobe

45 ml/3 žlice ulja od kikirikija
450 g/lb kuhane piletine, narezane na kriške
10 ml/2 žličice soli
5 ml/1 žličica svježe mljevenog papra
1 zelena paprika, izrezana na komade
4 velike rajčice, oguljene i narezane na kriške
250 ml/8 tečnih oz/1 šalica pileće juhe
30 ml/2 žlice kukuruznog brašna (kukuruzni škrob)
15 ml/1 žlica soja umaka
120 ml/4 fl oz/½ šalice vode

Zagrijte ulje i popržite piletinu, posolite i popaprite dok ne porumeni. Dodajte papriku i rajčicu. Ulijte juhu, zakuhajte, poklopite i kuhajte 15 minuta. Pomiješajte kukuruzni škrob, sojin umak i vodu da dobijete pastu, dodajte u tavu i kuhajte na laganoj vatri, miješajući, dok umak ne postane bistar i zgusne se.

piletina sa sezamom

Za 4 osobe

450 g/1 lb kuhane piletine, narezane na trakice

2 kriške đumbira, sitno nasjeckanog

1 mladi luk (kapula), sitno nasjeckan

sol i svježe mljeveni papar

60 ml/4 žlice rižinog vina ili suhog šerija

60 ml/4 žlice sezamovog ulja

10 ml/2 žličice šećera

5 ml/1 žličica vinskog octa

150 ml/¼ pt/½ velike šalice soja umaka

Stavite piletinu na tanjur za posluživanje i pospite đumbirom, mladim lukom, solju i paprom. Pomiješajte vino ili šeri, sezamovo ulje, šećer, vinski ocat i sojin umak. Preliti preko piletine.

Prženi pilići

Za 4 osobe

2 pijetla prepolovljena
45 ml/3 žlice soja umaka
45 ml/3 žlice rižinog vina ili suhog šerija
120 ml/4 fl oz/½ šalice ulja od kikirikija
1 mladi luk (kapula), sitno nasjeckan
30 ml/2 žlice pilećeg temeljca
10 ml/2 žličice šećera
5 ml/1 žličica čili ulja
5 ml/1 žličica paste od češnjaka
sol i papar

Stavite piliće u zdjelu. Pomiješajte soja umak i vino ili šeri, prelijte piletinu, pokrijte i ostavite da se marinira 2 sata, često četkajući. Zagrijte ulje i pržite piletinu oko 20 minuta dok ne bude pečena. Izvadite iz tave i zagrijte ulje. Vratite ih u tavu i pržite dok ne porumene. Ocijedite veći dio ulja. Pomiješajte preostale sastojke, dodajte ih u tavu i brzo zagrijte. Prelijte preko piletine prije posluživanja.

puretina sa snježnim graškom

Za 4 osobe

60 ml/4 žlice ulja od kikirikija

2 mlada luka (mladi luk), nasjeckana

2 češnja češnjaka, zgnječena

1 kriška korijena đumbira, nasjeckana

225 g purećih prsa, narezanih na trakice

225 g/8 unci snježnog graška

100 g izdanaka bambusa, narezanih na trakice

50 g vodenog kestena narezanog na trakice

45 ml/3 žlice soja umaka

15 ml/1 žlica rižinog vina ili suhog šerija

5 ml/1 žličica šećera

5 ml/1 žličica soli

15 ml/1 žlica kukuruznog brašna (kukuruzni škrob)

Zagrijte 45 ml/3 žlice ulja i pirjajte ljutiku, češnjak i đumbir dok lagano ne porumene. Dodajte puretinu i pržite 5 minuta. Izvadite iz posude i ostavite sa strane. Zagrijte preostalo ulje i pržite grašak, mladice bambusa i vodene kestene 3 minute. Dodajte soja umak, vino ili šeri, šećer i sol i vratite puretinu u tavu. Smeđe 1 minutu. Kukuruzni škrob pomiješajte s malo vode, dodajte u tavu i kuhajte na laganoj vatri uz miješanje dok umak posvijetli i zgusne.

puretina s paprikom

Za 4 osobe

4 sušene kineske gljive
30 ml/2 žlice ulja od kikirikija (kikiriki).
1 bok choy, izrezan na trakice
350 g dimljene puretine narezane na trakice
1 luk, narezan na ploške
1 crvena paprika, narezana na trakice
1 zelena paprika, narezana na trakice
120 ml/4 fl oz/½ šalice pileće juhe
30 ml/2 žlice pirea od rajčice (pasta)
45 ml/3 žlice vinskog octa
30 ml/2 žlice soja umaka
15 ml/1 žlica hoisin umaka
10 ml/2 žličice kukuruznog brašna (kukuruzni škrob)
nekoliko kapi čili ulja

Gljive namočite u toploj vodi 30 minuta, a zatim ih ocijedite. Uklonite peteljke, a klobuke narežite na trakice. Zagrijte pola ulja i pirjajte kupus oko 5 minuta ili dok ne bude kuhan. Izvadite iz posude. Dodajte puretinu i pržite 1 minutu. Dodajte povrće i pržite ga 3 minute. Juhu pomiješajte s pireom od rajčice, vinskim octom i umacima te dodajte u tavu s kupusom. Kukuruzno brašno pomiješajte s malo vode, umiješajte u šerpu i pustite da zavrije uz miješanje. Prelijte čili uljem i pirjajte 2 minute uz stalno miješanje.

Kineska pečena purica

Poslužuje 8-10

1 mala purica
600 ml/1 pt/2½ šalice vruće vode
10 ml/2 žličice pimenta
500 ml/16 tečnih oz/2 šalice soja umaka
5 ml/1 žličica sezamovog ulja
10 ml/2 žličice soli
45 ml/3 žlice maslaca

Puretinu stavite u lonac i prelijte vrućom vodom. Dodajte ostale sastojke osim maslaca i ostavite da odstoji 1 sat, okrećući nekoliko puta. Izvadite puretinu iz tekućine i premažite maslacem. Stavite na lim za pečenje, lagano pokrijte kuhinjskim papirom i pecite u prethodno zagrijanoj pećnici na 160°C/325°F/plin oznaka 3 oko 4 sata, povremeno podlijevajući tekućim soja umakom. Uklonite foliju i pustite da kora posmeđi zadnjih 30 minuta kuhanja.

Puretina s orasima i gljivama

Za 4 osobe

450 g/1 lb filea purećih prsa

sol i papar

sok od 1 naranče

15 ml/1 žlica glatkog brašna (višenamjenskog)

12 crnih oraha mariniranih u soku

5 ml/1 žličica kukuruznog brašna (kukuruzni škrob)

15 ml/1 žlica ulja od kikirikija

2 mlada luka (mladi luk), nasjeckana

225g/8oz gljiva

45 ml/3 žlice rižinog vina ili suhog šerija

10 ml/2 žličice soja umaka

50g/2oz/½ šalice maslaca

25 g/1 unca pinjola

Narežite puretinu na ploške debljine 1 cm/½. Pospite solju, paprom i sokom od naranče te pospite brašnom. Ocijedite i prerežite orahe na pola, a tekućinu ostavite i pomiješajte s kukuruznim škrobom. Zagrijte ulje i zapržite puretinu dok ne porumeni. Dodajte ljutiku i gljive te pirjajte 2 minute. Dodajte vino ili šeri i sojin umak i pirjajte 30 sekundi. Dodajte orahe u smjesu kukuruznog škroba, zatim ih dodajte u tavu i pustite da zavrije. Dodajte maslac u listićima ali ne dopustite da smjesa prokuha. Pinjole tostirajte na suhoj tavi dok ne porumene. Smjesu puretine prebacite na topli pladanj za posluživanje i poslužite ukrašeno pinjolima.

Patka s mladicama bambusa

Za 4 osobe

6 suhih kineskih gljiva

1 patka

50 g pršuta narezanog na trakice

100 g izdanaka bambusa, narezanih na trakice

2 ljutike (mladi luk), narezane na trakice

2 kriške korijena đumbira, narezane na trakice

5 ml/1 žličica soli

Gljive namočite u toploj vodi 30 minuta, a zatim ih ocijedite. Uklonite peteljke, a klobuke narežite na trakice. Stavite sve sastojke u zdjelu otpornu na toplinu i stavite je u lonac napunjen vodom dok zdjela ne bude puna dvije trećine. Pustite da zavrije, poklopite i kuhajte oko 2 sata dok patka ne bude kuhana, po potrebi dolijevajući kipuću vodu.

Patka s klicama graha

Za 4 osobe

225 g/8 oz zrna soje
45 ml/3 žlice ulja od kikirikija
450g/1lb kuhanog pačjeg mesa
15 ml/1 žlica umaka od kamenica
15 ml/1 žlica rižinog vina ili suhog šerija
30 ml/2 žlice vode
2,5 ml/½ žličice soli

Klice graha blanširajte u kipućoj vodi 2 minute i potom ocijedite. Zagrijte ulje, zapržite klice graha 30 sekundi. Dodajte patku i pržite dok potpuno ne porumeni. Dodajte preostale sastojke i pirjajte 2 minute da se okusi prožmu. Poslužite odmah.

Dinstana patka

Za 4 osobe

4 ljutike (mladi luk), nasjeckane
1 kriška korijena đumbira, nasjeckana
120 ml/4 fl oz/½ šalice soja umaka
30 ml/2 žlice rižinog vina ili suhog šerija
1 patka
120 ml/4 fl oz/½ šalice ulja od kikirikija
600 ml/1 pt/2½ šalice vode
15 ml/1 žlica smeđeg šećera

Pomiješajte ljutiku, đumbir, sojin umak i vino ili šeri i istrljajte patku iznutra i izvana. Zagrijte ulje i pržite patku dok lagano ne porumeni sa svih strana. Ocijedite ulje. Dodajte vodu i preostalu mješavinu soja umaka, zakuhajte, poklopite i kuhajte na laganoj vatri 1 sat. Dodajte šećer, poklopite i kuhajte još 40 minuta dok patka ne omekša.

Patka kuhana na pari s celerom

Za 4 osobe

350g/12oz kuhane patke, narezane na kriške
1 glavica celera
250 ml/8 tečnih oz/1 šalica pileće juhe
2,5 ml/½ žličice soli
5 ml/1 žličica sezamovog ulja
1 rajčica, izrezana na kriške

Stavite patku na rešetku kuhala na pari. Celer narežite na komade dužine 7,5 cm i stavite u tepsiju. Ulijte juhu, posolite i stavite kuhalo za paru na tavu. Zakuhajte temeljac i kuhajte oko 15 minuta dok celer ne omekša, a patka dobro skuha. Patku i celer složite na topli pladanj za posluživanje, celer poprskajte sezamovim uljem i poslužite ukrašeno ploškama rajčice.

patka s đumbirom

Za 4 osobe

350g/12oz pačjih prsa, tanko narezanih

1 jaje, lagano tučeno

5 ml/1 žličica soja umaka

5 ml/1 žličica kukuruznog brašna (kukuruzni škrob)

5 ml/1 žličica ulja od kikirikija

Pržiti ulje

50g/2oz mladica bambusa

50 g/2 unce graška

2 kriške nasjeckanog korijena đumbira

15 ml/1 žlica vode

2,5 ml/½ žličice šećera

2,5 ml/½ žličice rižinog vina ili suhog šerija

2,5 ml/½ žličice sezamovog ulja

Patku pomiješajte s jajetom, sojinim umakom, kukuruznim škrobom i uljem te ostavite da odstoji 10 minuta. Zagrijte ulje i pržite patku i mladice bambusa dok ne porumene i porumene. Izvadite iz posude i dobro ocijedite. Ulijte sve osim 15 ml/1 žlice ulja iz tave i pirjajte patku, mladice bambusa, grašak, đumbir, vodu, šećer i vino ili šeri 2 minute. Poslužite poprskano sezamovim uljem.

Patka sa zelenim grahom

Za 4 osobe

1 patka

60 ml/4 žlice ulja od kikirikija

2 češnja češnjaka, zgnječena

2,5 ml/½ žličice soli

1 glavica luka nasjeckana

15 ml/1 žlica naribanog korijena đumbira

45 ml/3 žlice soja umaka

120 ml/4 fl oz/½ šalice rižinog vina ili suhog šerija

60 ml/4 žlice umaka od rajčice (ketchup)

45 ml/3 žlice vinskog octa

300 ml/½ pt/1 ¼ šalice pileće juhe

450 g/lb zelenog graha, narezanog na kriške

prstohvat svježe mljevenog papra

5 kapi čili ulja

15 ml/1 žlica kukuruznog brašna (kukuruzni škrob)

30 ml/2 žlice vode

Patku narežite na 8 ili 10 komada. Zagrijte ulje i pržite patku dok ne porumeni. Premjestite u zdjelu. Dodajte češnjak, sol, luk, đumbir, sojin umak, vino ili šeri, umak od rajčice i vinski ocat. Promiješajte, poklopite i marinirajte u hladnjaku 3 sata.

Zagrijte ulje, dodajte patku, temeljac i marinadu, zakuhajte, poklopite i pirjajte 1 sat. Dodajte mahune, poklopite i pirjajte 15 minuta. Dodajte papar i čili ulje. Kukuruzni škrob pomiješajte s vodom, dodajte u tavu i kuhajte na laganoj vatri uz miješanje dok se umak ne zgusne.

Pečena patka na pari

Za 4 osobe

1 patka
sol i svježe mljeveni papar
Pržiti ulje
hoisin umak

Patku posolite i popaprite i stavite u vatrostalnu zdjelu. Namočite posudu punu vode dok ne dosegne dvije trećine visine posude, zakuhajte, poklopite i kuhajte oko 1 i pol sat dok patka ne omekša. Ocijediti i ostaviti da se ohladi.

Zagrijte ulje i pržite patku dok ne postane hrskava i zlatna. Izvadite i dobro ocijedite. Narežite na komade i poslužite s umakom hoisin.

Patka s egzotičnim voćem

Za 4 osobe

4 filea pačjih prsa narezati na trakice
2,5 ml/½ žličice pet začina u prahu
30 ml/2 žlice soja umaka
15 ml/1 žlica sezamovog ulja
15 ml/1 žlica ulja od kikirikija
3 stabljike celera narezati na kockice
2 kriške ananasa, narezanog na kockice
100g/4oz dinje narezane na kockice
100 g ličija, prerezanog na pola
130 ml/4 fl oz/½ šalice pileće juhe
30 ml/2 žlice pirea od rajčice (pasta)
30 ml/2 žlice hoisin umaka
10 ml/2 žličice vinskog octa
prstohvat smeđeg šećera

Stavite patku u zdjelu. Pomiješajte pet začina u prahu, soja umak i sezamovo ulje, prelijte patku i ostavite da se marinira 2 sata uz povremeno miješanje. Zagrijte ulje i pecite patku 8 minuta. Izvadite iz posude. Dodajte celer i voće i pirjajte 5 minuta. Patku vratite u tavu s preostalim sastojcima, prokuhajte i uz miješanje pirjajte 2 minute prije posluživanja.

Pečena patka s kineskim lišćem

Za 4 osobe

1 patka

30 ml/2 žlice rižinog vina ili suhog šerija

30 ml/2 žlice hoisin umaka

15 ml/1 žlica kukuruznog brašna (kukuruzni škrob)

5 ml/1 žličica soli

5 ml/1 žličica šećera

60 ml/4 žlice ulja od kikirikija

4 ljutike (mladi luk), nasjeckane

2 češnja češnjaka, zgnječena

1 kriška korijena đumbira, nasjeckana

75 ml/5 žlica soja umaka

600 ml/1 pt/2½ šalice vode

225g/8oz nasjeckanih kineskih listova

Patku narežite na otprilike 6 komada. Pomiješajte vino ili šeri, hoisin umak, kukuruznu krupicu, sol i šećer i utrljajte preko patke. Ostaviti da odstoji 1 sat. Zagrijte ulje i zapržite ljutiku, češnjak i đumbir nekoliko sekundi. Dodajte patku i pržite dok lagano ne porumeni sa svih strana. Ocijedite višak masnoće. Ulijte soja umak i vodu, zakuhajte, poklopite i kuhajte oko 30 minuta. Dodajte porculanske listiće, ponovno poklopite i pirjajte još 30 minuta dok patka ne omekša.

pijana patka

Za 4 osobe

2 mlada luka (mladi luk), nasjeckana
2 češnja češnjaka, mljevena
1,5 L/2½ boda/6 šalica vode
1 patka
450 ml/¾ pt/2 šalice rižinog vina ili suhog šerija

Vlasac, češnjak i vodu stavite u veliki lonac i zakuhajte. Dodajte patku, ponovno zakuhajte, poklopite i kuhajte 45 minuta. Dobro ocijedite, a tekućinu ostavite za juhu. Ostavite patku da se ohladi i zatim je stavite u hladnjak preko noći. Patku narežite na komade i stavite u veliku staklenku s čepom na navoj. Prelijte vinom ili šerijem i ostavite da se hladi oko 1 tjedan prije nego što ga ocijedite i poslužite hladno.

Patka s pet začina

Za 4 osobe

150 ml/¼ pt/½ velike šalice rižinog vina ili suhog šerija
150 ml/¼ pt/½ velike šalice soja umaka
1 patka
10 ml/2 žličice pet začina u prahu

Zakuhajte vino ili šeri i sojin umak. Dodajte patku i pirjajte okrećući oko 5 minuta. Izvadite patku iz tave i utrljajte prah od pet začina u kožu. Vratite pticu u tavu i dodajte toliko vode da prekrije polovicu patke. Zakuhajte, poklopite i kuhajte oko 1½ sat dok patka ne omekša, često je okrećući i podlijevajući. Patku narežite na komade od 5 cm/2 cm i poslužite toplu ili hladnu.

Pečena patka s đumbirom

Za 4 osobe

1 patka
2 kriške korijena đumbira, naribanog
2 mlada luka (mladi luk), nasjeckana
15 ml/1 žlica kukuruznog brašna (kukuruzni škrob)
30 ml/2 žlice soja umaka
30 ml/2 žlice rižinog vina ili suhog šerija
2,5 ml/½ žličice soli
45 ml/3 žlice ulja od kikirikija

Meso odvojite od kostiju i narežite na komade. Meso pomiješajte sa svim ostalim sastojcima osim ulja. Ostaviti da odstoji 1 sat. Zagrijte ulje i pecite patku s marinadom oko 15 minuta dok patka ne omekša.

Patka sa šunkom i porilukom

Za 4 osobe

1 patka

450 g/lb pršuta

2 poriluka

2 kriške nasjeckanog korijena đumbira

45 ml/3 žlice rižinog vina ili suhog šerija

45 ml/3 žlice soja umaka

2,5 ml/½ žličice soli

Stavite patku u tepsiju i prelijte je hladnom vodom. Pustite da zavrije, poklopite i kuhajte oko 20 minuta. Ocijedite i rezervirajte 450 ml/¾ bodova/2 šalice juhe. Pustite da se patka malo ohladi, zatim odvojite meso od kostiju i narežite na kvadrate veličine 5cm/2cm. Šunku narežite na slične komade. Poriluk narežite na dugačke komade, a unutar lista zarolajte krišku patke i šunke i zavežite koncem. Stavite u posudu otpornu na toplinu. U ostavljenu juhu dodajte đumbir, vino ili šeri, sojin umak i sol te njome prelijte pačje rolice. Stavite zdjelu u lonac napunjen vodom do dvije trećine visine stijenki zdjele. Pustite da zavrije, poklopite i kuhajte oko 1 sat dok patka ne omekša.

Patka pečena na medu

Za 4 osobe

1 patka

sol

3 češnja češnjaka, zgnječena

3 ljutike (mladi luk), nasjeckane

45 ml/3 žlice soja umaka

45 ml/3 žlice rižinog vina ili suhog šerija

45 ml/3 žlice meda

200 ml/7 tečnih oz/1 mala šalica kipuće vode

Patku osušite i natrljajte solju iznutra i izvana. Pomiješajte češnjak, ljutiku, sojin umak i vino ili sherry, a zatim podijelite smjesu na pola. U jednu polovicu umiješajte med i njime utrljajte patku pa ostavite da se osuši. U preostalu smjesu meda dodajte vodu. Ulijte smjesu soja umaka u šupljinu patke i stavite na rešetku u tavi za pečenje s malo vode na dnu. Pecite u prethodno zagrijanoj pećnici na 180°C/plinska oznaka 4 oko 2 sata dok patka ne omekša, podlijevajući preostalom mješavinom meda dok se peče.

Vlažna pečena patka

Za 4 osobe

6 ljutika (mladi luk), nasjeckanih
2 kriške nasjeckanog korijena đumbira
1 patka
2,5 ml/½ žličice mljevenog anisa
15 ml/1 žlica šećera
45 ml/3 žlice rižinog vina ili suhog šerija
60 ml/4 žlice soja umaka
250 ml/8 tečnih oz/1 šalica vode

Stavite pola ljutike i đumbira u veliku tavu s debelim dnom. Ostatak stavite u šupljinu patke i dodajte u tepsiju. Dodajte sve preostale sastojke osim hoisin umaka, zakuhajte, poklopite i kuhajte na laganoj vatri oko 1 1/2 sat, povremeno miješajući. Izvadite patku iz posude i ostavite da se suši oko 4 sata.

Stavite patku na rešetku u posudu za pečenje napunjenu s malo hladne vode. Pecite u prethodno zagrijanoj pećnici na 230°C/450°F/plinska oznaka 8 15 minuta, zatim okrenite i pecite još 10 minuta dok ne postane hrskavo. U međuvremenu zagrijte odvojenu tekućinu i njome prelijte patku za posluživanje.

Patka na soju sa gljivama

Za 4 osobe

1 patka

75 ml/5 žlica ulja od kikirikija

45 ml/3 žlice rižinog vina ili suhog šerija

15 ml/1 žlica soja umaka

15 ml/1 žlica šećera

5 ml/1 žličica soli

prstohvat papra

2 češnja češnjaka, zgnječena

225g/8oz gljiva, prerezanih na pola

600 ml/1 pt/2½ šalice pileće juhe

15 ml/1 žlica kukuruznog brašna (kukuruzni škrob)

30 ml/2 žlice vode

5 ml/1 žličica sezamovog ulja

Patku narežite na komade veličine 5 cm/2. Zagrijte 45 ml/3 žlice ulja i pržite patku dok lagano ne porumeni sa svih strana. Dodajte vino ili šeri, sojin umak, šećer, sol i papar i pirjajte 4 minute. Izvadite iz posude. Zagrijte preostalo ulje i popržite češnjak dok lagano ne porumeni. Dodajte gljive i miješajte dok se ne prekriju uljem, zatim vratite smjesu s patkom u tavu i dodajte temeljac. Pustite da zavrije, poklopite i kuhajte oko 1 sat dok patka ne omekša. Kukuruzni škrob i vodu pomiješajte dok ne dobijete pastu, zatim umiješajte u smjesu i kuhajte na laganoj vatri uz miješanje dok se umak ne zgusne. Pospite sezamovim uljem i poslužite.

Patka s dvije gljive

Za 4 osobe

6 suhih kineskih gljiva
1 patka
750 ml/1¼ boda/3 šalice pilećeg temeljca
45 ml/3 žlice rižinog vina ili suhog šerija
5 ml/1 žličica soli
100 g izdanaka bambusa, narezanih na trakice
100 g šampinjona

Gljive namočite u toploj vodi 30 minuta, a zatim ih ocijedite. Uklonite peteljke i prepolovite vrhove. Stavite patku u veliku zdjelu otpornu na toplinu s temeljcem, vinom ili šerijem i solju i stavite u lonac napunjen vodom dok ne dosegne dvije trećine stijenki posude. Zakuhajte, poklopite i kuhajte oko 2 sata dok patka ne omekša. Izvadite iz posude i odrežite meso s kosti. Premjestite tekućinu od kuhanja u zasebnu posudu. Na dno posude za kuhanje na pari stavite izdanke bambusa i obje vrste gljiva, zamijenite pačjim mesom, poklopite i kuhajte na pari još 30 minuta. Tekućinu od kuhanja zakuhajte i njome prelijte patku za posluživanje.

Dinstana patka s lukom

Za 4 osobe

4 sušene kineske gljive
1 patka
90 ml/6 žlica soja umaka
60 ml/4 žlice ulja od kikirikija
1 mladi luk (kapula), nasjeckan
1 kriška korijena đumbira, nasjeckana
45 ml/3 žlice rižinog vina ili suhog šerija
450 g/lb luka, narezanog na ploške
100 g izdanaka bambusa, narezanih
15 ml/1 žlica smeđeg šećera
15 ml/1 žlica kukuruznog brašna (kukuruzni škrob)
45 ml/3 žlice vode

Gljive namočite u toploj vodi 30 minuta, a zatim ih ocijedite. Uklonite peteljke i odrežite vrhove. Utrljajte patku s 15 ml/1 žlicom soja umaka. Sačuvajte 15 ml/1 žličicu ulja, zagrijte preostalo ulje i pirjajte mladi luk i đumbir dok lagano ne porumene. Dodajte patku i pržite dok lagano ne porumeni sa svih strana. Uklonite sav višak masnoće. U tavu dodajte vino ili šeri, preostali sojin umak i toliko vode da gotovo prekrije patku. Zakuhajte, poklopite i kuhajte 1 sat uz povremeno miješanje.

Zagrijte sačuvano ulje i pržite luk dok ne omekša. Maknite s vatre i dodajte mladice bambusa i gljive pa ih dodajte patki, poklopite i pirjajte još 30 minuta dok patka ne omekša. Patku izvadite iz posude, narežite na porcije i posložite na topli tanjir za posluživanje. Tekućine u tavi zakuhajte, dodajte šećer i kukuruzni škrob i kuhajte na laganoj vatri uz miješanje dok smjesa ne zakipi i ne zgusne se. Prelijte patku za posluživanje.

Patka u umaku od naranče

Za 4 osobe

1 patka
3 ljutike (mladi luk), narezane na komade
2 kriške korijena đumbira, narezane na trakice
1 kriška narančine kore
sol i svježe mljeveni papar

Stavite patku u veliki lonac, jednostavno je prelijte vodom i pustite da prokuha. Dodajte ljutiku, đumbir i koricu naranče, poklopite i pirjajte oko sat i pol dok patka ne omekša. Začinite solju i paprom, ocijedite i poslužite.

Pečena patka s narančom

Za 4 osobe

1 patka
2 režnja češnjaka, prepolovljena
45 ml/3 žlice ulja od kikirikija
1 luk
1 naranča
120 ml/4 fl oz/½ šalice rižinog vina ili suhog šerija
2 kriške nasjeckanog korijena đumbira
5 ml/1 žličica soli

Natrljajte patku češnjakom iznutra i izvana, zatim premažite uljem. Oguljeni luk izbodite vilicom, zajedno s neoguljenom narančom umetnite u šupljinu patke i začepite ražnjićem. Patku stavite na rešetku na lim za pečenje natopljen s malo vruće vode i pecite u prethodno zagrijanoj pećnici na 160°C/325°F/plin stupanj 3 oko 2 sata. Odbacite tekućinu i vratite patku u posudu za pečenje. Prelijte vinom ili šerijem i pospite đumbirom i soli. Vratite u pećnicu na još 30 minuta. Odbacite luk i naranču i narežite patku na komade za posluživanje. Prelijte patku sokom iz tave za posluživanje.

Patka s kruškama i kestenima

Za 4 osobe

225 g/8 oz kestena, oljuštenih
1 patka
45 ml/3 žlice ulja od kikirikija
250 ml/8 tečnih oz/1 šalica pileće juhe
45 ml/3 žlice soja umaka
15 ml/1 žlica rižinog vina ili suhog šerija
5 ml/1 žličica soli
1 kriška korijena đumbira, nasjeckana
1 veća kruška oguljena i izrezana na deblje kriške
15 ml/1 žlica šećera

Prokuhajte kestene 15 minuta, a zatim ih ocijedite. Patku narežite na komade veličine 5 cm/2. Zagrijte ulje i pržite patku dok lagano ne porumeni sa svih strana. Ocijedite višak ulja, zatim dodajte juhu, sojin umak, vino ili šeri, sol i đumbir. Pustite da zavrije, poklopite i kuhajte 25 minuta uz povremeno miješanje. Dodajte kestene, poklopite i kuhajte još 15 minuta. Kruške pospite šećerom, dodajte u tavu i pirjajte oko 5 minuta dok potpuno ne porumene.

Pekinška patka

za 6

1 patka
250 ml/8 tečnih oz/1 šalica vode
120 ml/4 fl oz/½ šalice meda
120 ml/4 fl oz/½ šalice sezamovog ulja
Za palačinke:
250 ml/8 tečnih oz/1 šalica vode
225 g/8 unci/2 šalice glatkog brašna (višenamjenskog)
ulje od kikirikija (kikiriki) za prženje

Za umake:

120 ml/4 fl oz/½ šalice hoisin umaka
30 ml/2 žlice smeđeg šećera
30 ml/2 žlice soja umaka
5 ml/1 žličica sezamovog ulja
6 mladog luka (mladi luk), narezanih po dužini
1 krastavac, narezan na trakice

Patka mora biti cijela s netaknutom kožom. Čvrsto zavežite vrat uzicom i zašijte ili pričvrstite donji otvor. Zarežite mali prorez sa strane vrata, umetnite slamku i upuhujte zrak ispod kože dok ne nabubri. Objesite patku iznad zdjele i ostavite da odstoji 1 sat.

Zakuhajte posudu s vodom, ubacite patku i kuhajte 1 minutu, zatim izvadite i dobro osušite. Zakuhajte vodu i dodajte med. Utrljajte smjesu u kožu patke dok ne bude zasićena. Objesite patku iznad posude na hladnom, prozračenom mjestu oko 8 sati dok koža ne postane čvrsta.

Objesite patku ili stavite na rešetku iznad lima za pečenje i pecite u prethodno zagrijanoj pećnici na 180°C/350°F/plinska oznaka 4 oko 1½ sata, povremeno podlijevajući sezamovim uljem.

Za pripremu palačinki zakuhajte vodu pa malo po malo dodajte brašno. Lagano izradite dok tijesto ne postane glatko, pokrijte ga vlažnom krpom i ostavite da odstoji 15 minuta. Razvaljajte na pobrašnjenoj površini i oblikujte dugi valjak. Izrežite na ploške od 2,5 cm, zatim ih spljoštite na debljinu od oko 5 mm i površinu premažite uljem. Slagati po parove tako da se nauljene površine dodiruju i izvana lagano pobrašniti. Parove razvaljajte na oko 10 cm širine i pecite u paru oko 1 minutu sa svake strane dok lagano ne porumene. Odvojite i složite dok ne budete spremni za posluživanje.

Umake pripremite tako da pola hoisin umaka pomiješate sa šećerom, a ostatak hoisin umaka sa sojinim umakom i sezamovim uljem.

Patku izvadite iz pećnice, skinite kožu i narežite je na kvadrate, a meso na kockice. Rasporedite na posebne tanjure i poslužite uz palačinke, umake i priloge.

Pečena patka s ananasom

Za 4 osobe

1 patka

400 g komadića ananasa iz konzerve u sirupu

45 ml/3 žlice soja umaka

5 ml/1 žličica soli

prstohvat svježe mljevenog papra

Stavite patku u lonac s debelim dnom, jednostavno prelijte vodom, zakuhajte, poklopite i kuhajte 1 sat. Ocijedite sirup od ananasa u tavi sa sojinim umakom, soli i paprom, poklopite i kuhajte još 30 minuta. Dodajte komadiće ananasa i pirjajte još 15 minuta dok patka ne omekša.

Pirjana patka s ananasom

Za 4 osobe

1 patka
45 ml/3 žlice kukuruznog brašna (kukuruzni škrob)
45 ml/3 žlice soja umaka
225 g/8 oz konzerviranog ananasa u sirupu
45 ml/3 žlice ulja od kikirikija
2 kriške korijena đumbira, narezane na trakice
15 ml/1 žlica rižinog vina ili suhog šerija
5 ml/1 žličica soli

Meso odvojite od kosti i narežite na komade. Pomiješajte soja umak s 30 ml/2 žlice kukuruznog brašna i miješajte patku dok se dobro ne obloži. Ostavite da odstoji 1 sat uz povremeno miješanje. Zgnječite ananas i sirup i zagrijte na laganoj vatri u tavi. Preostali kukuruzni škrob pomiješajte s malo vode, dodajte u tavu i kuhajte na laganoj vatri uz miješanje dok se umak ne zgusne. Ostani topao. Zagrijte ulje i pržite đumbir dok lagano ne porumeni, a zatim đumbir bacite. Dodajte patku i lagano zapržite sa svih strana. Dodajte vino ili sherry i posolite te pržite još nekoliko minuta dok patka ne bude pečena. Patku stavite na topli tanjur za posluživanje, prelijte je umakom i odmah poslužite.

Patka s đumbirom i ananasom

Za 4 osobe

1 patka
100 g/4 oz konzerviranog đumbira u sirupu
200 g konzerviranih komadića ananasa u sirupu
5 ml/1 žličica soli
15 ml/1 žlica kukuruznog brašna (kukuruzni škrob)
30 ml/2 žlice vode

Stavite patku u zdjelu otpornu na toplinu i uronite je u lonac napunjen vodom dok ne dosegne dvije trećine visine stijenki zdjele. Zakuhajte, poklopite i kuhajte oko 2 sata dok patka ne omekša. Izvadite patku i ostavite da se malo ohladi. Skinite kožu i kosti pa patku narežite na komade. Posložite ih na tanjur za posluživanje i držite na toplom.

Ocijedite sirup od đumbira i ananasa u tavu, dodajte sol, kukuruzno brašno i vodu. Pustite da zavrije uz miješanje i kuhajte nekoliko minuta uz miješanje dok umak ne posvijetli i ne zgusne se. Dodajte đumbir i ananas, promiješajte i prelijte preko patke za posluživanje.

Patka s ananasom i ličijem

Za 4 osobe

4 pačja prsa
15 ml/1 žlica soja umaka
1 češanj zvjezdastog anisa
1 kriška korijena đumbira
ulje od kikirikija (kikiriki) za prženje
90 ml/6 žlica vinskog octa
100g/4oz/½ šalice smeđeg šećera
250 ml/8 tečnih oz/½ šalice pilećeg temeljca
15 ml/1 žlica umaka od rajčice (ketchup)
200 g konzerviranih komadića ananasa u sirupu
15 ml/1 žlica kukuruznog brašna (kukuruzni škrob)
6 konzerviranih ličija
6 višanja maraskina

Stavite patke, sojin umak, anis i đumbir u lonac i prelijte hladnom vodom. Pustite da zavrije, skinite masnoću pa poklopite i pirjajte oko 45 minuta dok patka ne bude pečena. Ocijedite i osušite. Pržiti u puno zagrijanog ulja dok ne postane hrskavo.

U međuvremenu pomiješajte vinski ocat, šećer, temeljac, umak od rajčice i 30 ml/2 žlice sirupa od ananasa u loncu, zakuhajte i kuhajte oko 5 minuta dok se ne zgusne. Dodajte voće i zagrijte prije nego što prelijete preko patke i poslužite.

Patka sa svinjetinom i kestenjem

Za 4 osobe

6 suhih kineskih gljiva
1 patka
225 g/8 oz kestena, oljuštenih
225g/8oz nemasne svinjetine, narezane na kockice
3 ljutike (mladi luk), nasjeckane
1 kriška korijena đumbira, nasjeckana
250 ml/8 tečnih oz/1 šalica soja umaka
900 ml/1½ boda/3¾ šalice vode

Gljive namočite u toploj vodi 30 minuta, a zatim ih ocijedite. Uklonite peteljke i odrežite vrhove. Sve preostale sastojke stavite u veliku tavu, zakuhajte, poklopite i kuhajte oko 1 i pol sat dok patka ne bude pečena.

Patka s krumpirom

Za 4 osobe

75 ml/5 žlica ulja od kikirikija
1 patka
3 češnja češnjaka, zgnječena
30 ml/2 žlice umaka od crnog graha
10 ml/2 žličice soli
1,2 l/2 boda/5 šalica vode
2 poriluka narezati na deblje ploške
15 ml/1 žlica šećera
45 ml/3 žlice soja umaka
60 ml/4 žlice rižinog vina ili suhog šerija
1 češanj zvjezdastog anisa
900 g krumpira narezanog na deblje ploške
½ glavice kineskog lišća
15 ml/1 žlica kukuruznog brašna (kukuruzni škrob)
30 ml/2 žlice vode
grančice pljosnatog peršina

Zagrijte 60 ml/4 žlice ulja i pržite patku sa svih strana dok ne porumeni. Zavežite ili zašijte kraj vrata i stavite patku, s vratom prema dolje, u duboku zdjelu. Zagrijte preostalo ulje i popržite češnjak dok lagano ne porumeni. Dodajte umak od crnog graha, posolite i pržite 1 minutu. Dodajte vodu, poriluk, šećer, sojin umak, vino ili šeri i zvjezdasti anis i pustite da zavrije. Ulijte 120 ml/8 tečnih oz/1 šalicu mješavine u šupljinu patke i zavežite ili zašijte kako biste učvrstili. Preostalu smjesu u tavi zakuhajte. Dodajte patku i krumpir, poklopite i pirjajte 40 minuta, okrećući patku jednom. Posložite kineske listove na tanjur za posluživanje. Patku izvadite iz tepsije, narežite je na komade od 5 cm i složite na tanjur za posluživanje zajedno s krumpirom. Kukuruzni škrob pomiješajte s vodom, dodajte u tavu i kuhajte na laganoj vatri uz miješanje dok se umak ne zgusne.

Kuhana crvena patka

Za 4 osobe

1 patka
4 ljutike (mladi luk), narezane na komade
2 kriške korijena đumbira, narezane na trakice
90 ml/6 žlica soja umaka
45 ml/3 žlice rižinog vina ili suhog šerija
10 ml/2 žličice soli
10 ml/2 žličice šećera

Stavite patku u teški lonac, jednostavno prelijte vodom i pustite da prokuha. Dodajte ljutiku, đumbir, vino ili šeri i sol, poklopite i pirjajte oko 1 sat. Dodajte šećer i pirjajte još 45 minuta dok patka ne omekša. Izrežite patku na tanjur za posluživanje i poslužite toplu ili hladnu, sa ili bez umaka.

Pečena patka u rižinom vinu

Za 4 osobe

1 patka

500 ml/14 tečnih oz/1¾ šalice rižinog vina ili suhog šerija

5 ml/1 žličica soli

45 ml/3 žlice soja umaka

Stavite patku u lonac s debelim dnom sa šerijem i soli, zakuhajte, poklopite i kuhajte na laganoj vatri 20 minuta. Ocijedite patku, sačuvajte tekućinu i natrljajte je soja umakom. Stavite na rešetku u lim za pečenje naliven malo vrućom vodom i pecite u prethodno zagrijanoj pećnici na 180°C/plinska oznaka 4 oko 1 sat uz redovito podlijevanje ostavljenim tekućim vinom.

Patka kuhana na pari s rižinim vinom

Za 4 osobe

1 patka
4 ljutike (mladi luk), prepolovljene
1 kriška korijena đumbira, nasjeckana
250 ml/8 tečnih oz/1 šalica rižinog vina ili suhog šerija
30 ml/2 žlice soja umaka
prstohvat soli

Patku blanširajte u kipućoj vodi 5 minuta i potom ocijedite. Stavite ga u vatrootpornu zdjelu s ostalim sastojcima. Stavite zdjelu u lonac s vodom dok ne dosegne dvije trećine stijenki zdjele. Zakuhajte, poklopite i kuhajte oko 2 sata dok patka ne omekša. Odbacite ljutiku i đumbir prije posluživanja.

usoljena patka

Za 4 osobe

45 ml/3 žlice ulja od kikirikija
4 pačja prsa
3 mlada luka (mladi luk), narezana na ploške
2 češnja češnjaka, zgnječena
1 kriška korijena đumbira, nasjeckana
250 ml/8 tečnih oz/1 šalica soja umaka
30 ml/2 žlice rižinog vina ili suhog šerija
30 ml/2 žlice smeđeg šećera
5 ml/1 žličica soli
450 ml/¾ pt/2 šalice vode
15 ml/1 žlica kukuruznog brašna (kukuruzni škrob)

Zagrijte ulje i pržite pačja prsa dok ne porumene. Dodajte ljutiku, češnjak i đumbir i pirjajte 2 minute. Dodajte sojin umak, vino ili šeri, šećer i sol i dobro promiješajte. Dodajte vodu, zakuhajte, poklopite i kuhajte oko sat i pol dok meso ne omekša. Kukuruzni škrob pomiješajte s malo vode pa dodajte u tavu i kuhajte na laganoj vatri uz miješanje dok se umak ne zgusne.

Slana patka s mahunama

Za 4 osobe

45 ml/3 žlice ulja od kikirikija

4 pačja prsa

3 mlada luka (mladi luk), narezana na ploške

2 češnja češnjaka, zgnječena

1 kriška korijena đumbira, nasjeckana

250 ml/8 tečnih oz/1 šalica soja umaka

30 ml/2 žlice rižinog vina ili suhog šerija

30 ml/2 žlice smeđeg šećera

5 ml/1 žličica soli

450 ml/¾ pt/2 šalice vode

225g/8oz zelenog graha

15 ml/1 žlica kukuruznog brašna (kukuruzni škrob)

Zagrijte ulje i pržite pačja prsa dok ne porumene. Dodajte ljutiku, češnjak i đumbir i pirjajte 2 minute. Dodajte sojin umak, vino ili šeri, šećer i sol i dobro promiješajte. Dodajte vodu, zakuhajte, poklopite i kuhajte oko 45 minuta. Dodajte grah, poklopite i kuhajte još 20 minuta. Kukuruzni škrob pomiješajte s malo vode pa dodajte u tavu i kuhajte na laganoj vatri uz miješanje dok se umak ne zgusne.

Sporo kuhana patka

Za 4 osobe

1 patka

50 g/2 unce/½ šalice kukuruznog brašna (kukuruzni škrob)

Pržiti ulje

2 češnja češnjaka, zgnječena

30 ml/2 žlice rižinog vina ili suhog šerija

30 ml/2 žlice soja umaka

5 ml/1 žličica naribanog korijena đumbira

750 ml/1 ¼ boda/3 šalice pilećeg temeljca

4 sušene kineske gljive

225g/8oz mladica bambusa, narezanih

225 g/8 oz vodenih kestena, narezanih na ploške

10 ml/2 žličice šećera

prstohvat papra

5 mladog luka (mladi luk), narezanog na ploške

Patku narežite na komade veličine porcija. Sačuvajte 30 ml/2 žlice kukuruznog škroba i prekrijte patku preostalim kukuruznim škrobom. Očistite višak od prašine. Zagrijte ulje i popržite češnjak i patku dok lagano ne porumene. Izvaditi iz posude i ocijediti na kuhinjskom papiru. Stavite patku u veliki pleh. Umiješajte vino ili šeri, 15 ml/1 žličicu soja umaka i đumbir. Dodajte u tavu i kuhajte na jakoj vatri 2 minute. Dodajte pola temeljca, zakuhajte, poklopite i pirjajte oko 1 sat dok patka ne omekša.

U međuvremenu gljive potopiti u toplu vodu 30 minuta, a zatim ih ocijediti. Uklonite peteljke i odrežite vrhove. Dodajte gljive, izdanke bambusa i vodene kestene u patku i kuhajte uz često miješanje 5 minuta. Uklonite svu masnoću iz tekućine. Pomiješajte ostatak juhe, kukuruzni škrob i sojin umak sa šećerom i paprom i umiješajte u tavu. Pustite da zavrije, miješajući, zatim kuhajte oko 5 minuta dok se umak ne zgusne. Prebacite u toplu zdjelu za posluživanje i poslužite ukrašeno ljutikom.

Pirjana patka

Za 4 osobe

1 bjelanjak, lagano tučen
20 ml/1 i pol žlica kukuruznog brašna (kukuruzni škrob)
sol
450g/1lb pačjih prsa, tanko narezanih
45 ml/3 žlice ulja od kikirikija
2 ljutike (mladi luk), narezane na trakice
1 zelena paprika, narezana na trakice
5 ml/1 žličica rižinog vina ili suhog šerija
75 ml/5 žlica pilećeg temeljca
2,5 ml/½ žličice šećera

Istucite bjelanjak s 15 ml/1 žlicom kukuruznog škroba i prstohvatom soli. Dodajte narezanu patku i miješajte dok se patka ne prekrije. Zagrijte ulje i pržite patku dok ne bude pečena i zlatna. Izvadite patku iz tave i ocijedite sve osim 30 ml/2 žlice ulja. Dodajte vlasac i papar te pirjajte 3 minute. Dodajte vino ili šeri, temeljac i šećer i pustite da zavrije. Preostali kukuruzni škrob pomiješajte s malo vode, dodajte u umak i kuhajte na laganoj vatri uz miješanje dok se umak ne zgusne. Dodajte patku, zagrijte i poslužite.

Patka sa slatkim krumpirom

Za 4 osobe

1 patka

250 ml/8 tečnih oz/1 šalica ulja od kikirikija

225g/8oz slatkog krumpira, oguljenog i narezanog na kockice

2 češnja češnjaka, zgnječena

1 kriška korijena đumbira, nasjeckana

2,5 ml/½ žličice cimeta

2,5 ml/½ žličice mljevenog klinčića

prstohvat mljevenog anisa

5 ml/1 žličica šećera

15 ml/1 žlica soja umaka

250 ml/8 tečnih oz/1 šalica pileće juhe

15 ml/1 žlica kukuruznog brašna (kukuruzni škrob)

30 ml/2 žlice vode

Patku narežite na komade veličine 5 cm/2. Zagrijte ulje i pržite krumpir dok ne porumeni. Izvadite iz posude i ocijedite sve osim 30 ml/2 žlice ulja. Dodajte češnjak i đumbir i pirjajte 30 sekundi. Dodajte patku i pržite dok lagano ne porumeni sa svih strana. Dodajte začine, šećer, sojin umak i juhu te zakuhajte. Dodajte krumpir, poklopite i pirjajte oko 20 minuta dok patka ne omekša. Kukuruzni škrob pomiješajte s vodom dok ne postane pasta, a zatim ga dodajte u tavu i kuhajte na laganoj vatri, miješajući, dok se umak ne zgusne.

slatko-kisela patka

Za 4 osobe

1 patka

1,2 L/2 komada/5 šalica pileće juhe

2 luka

2 mrkve

2 režnja češnjaka, narezana na ploške

15 ml/1 žlica začina za kiseljenje

10 ml/2 žličice soli

10 ml/2 žličice ulja od kikirikija

6 ljutika (mladi luk), nasjeckanih

1 mango, oguljen i narezan na kockice

12 ličija, prepolovljenih

15 ml/1 žlica kukuruznog brašna (kukuruzni škrob)

15 ml/1 žlica vinskog octa

10 ml/2 žličice pirea od rajčice (pasta)

15 ml/1 žlica soja umaka

5 ml/1 žličica praha pet začina

300 ml/½ pt/1¼ šalice pileće juhe

Stavite patku u košaru za kuhanje na pari iznad posude s juhom, lukom, mrkvom, češnjakom, začinima za kiseljenje i soli. Poklopite i kuhajte na pari 2 1/2 sata. Patku ohladiti, poklopiti i ostaviti da se hladi 6 sati. Meso odvojite od kostiju i narežite na kockice. Zagrijte ulje i popržite patku i mladi luk dok ne porumene. Dodajte preostale sastojke, zakuhajte i uz miješanje kuhajte 2 minute dok se umak ne zgusne.

patka mandarina

Za 4 osobe

1 patka
60 ml/4 žlice ulja od kikirikija
1 komad suhe kore mandarine
900 ml/1½ boda/3¾ šalice pileće juhe
5 ml/1 žličica soli

Ostavite patku da se suši 2 sata. Zagrijte pola ulja i pržite patku dok lagano ne porumeni. Prebacite u veliku zdjelu otpornu na toplinu. Zagrijte preostalo ulje i pržite koru mandarine 2 minute pa je ubacite u patku. Patku prelijte juhom i posolite. Zdjelu stavite na rešetku u kuhalu za kuhanje na pari, poklopite i kuhajte na pari oko 2 sata dok patka ne omekša.

Patka s povrćem

Za 4 osobe

1 velika patka, izrezana na 16 komada

sol

300 ml/½ pinte/1 ¼ šalice vode

300 ml suhog bijelog vina

120 ml/4 fl oz/½ šalice vinskog octa

45 ml/3 žlice soja umaka

30 ml/2 žlice umaka od šljiva

30 ml/2 žlice hoisin umaka

5 ml/1 žličica praha pet začina

6 ljutika (mladi luk), nasjeckanih

2 mrkve, nasjeckane

5 cm/2 nasjeckane bijele rotkve

50 g kineskog kupusa narezanog na kockice

svježe mljeveni papar

5 ml/1 žličica šećera

Stavite komade patke u zdjelu, pospite ih solju i dodajte vodu i vino. Dodajte vinski ocat, sojin umak, umak od šljiva, umak hoisin i prah od pet začina, zakuhajte, poklopite i kuhajte oko 1 sat. Dodajte povrće u tavu, skinite poklopac i kuhajte još 10 minuta. Začinite solju, paprom i šećerom i ostavite da se ohladi. Pokrijte i stavite u hladnjak preko noći. Skinite masnoću i zagrijavajte patku u umaku 20 minuta.

Pirjana patka s povrćem

Za 4 osobe

4 sušene kineske gljive
1 patka
10 ml/2 žličice kukuruznog brašna (kukuruzni škrob)
15 ml/1 žlica soja umaka
45 ml/3 žlice ulja od kikirikija
100 g izdanaka bambusa, narezanih na trakice
50 g vodenog kestena narezanog na trakice
120 ml/4 fl oz/½ šalice pileće juhe
15 ml/1 žlica rižinog vina ili suhog šerija
5 ml/1 žličica soli

Gljive namočite u toploj vodi 30 minuta, a zatim ih ocijedite. Uklonite peteljke i narežite klobuke. Meso odvojite od kostiju i narežite na komade. Pomiješajte kukuruzno brašno i sojin umak, dodajte pačjem mesu i ostavite da odstoji 1 sat. Zagrijte ulje i pržite patku dok lagano ne porumeni sa svih strana. Izvadite iz posude. U tavu dodajte gljive, mladice bambusa i vodene kestene i pržite ih 3 minute. Dodajte temeljac, vino ili sherry i sol, zakuhajte i kuhajte 3 minute. Vratite patku u tavu, poklopite i pecite još 10 minuta dok patka ne omekša.

Bijela kuhana patka

Za 4 osobe

1 kriška korijena đumbira, nasjeckana
250 ml/8 tečnih oz/1 šalica rižinog vina ili suhog šerija
sol i svježe mljeveni papar
1 patka
3 ljutike (mladi luk), nasjeckane
5 ml/1 žličica soli
100 g izdanaka bambusa, narezanih
100 g dimljene šunke, narezane na ploške

Umiješajte đumbir, 15 ml/1 žličicu vina ili šerija, malo soli i papra. Utrljajte u patku i ostavite da odstoji 1 sat. Stavite pticu u lonac s debelim dnom s marinadom i dodajte vlasac i sol. Dodajte hladne vode tek toliko da prekrije patku, zakuhajte, poklopite i kuhajte oko 2 sata dok patka ne omekša. Dodajte mladice bambusa i šunku te pirjajte još 10 minuta.

Patka u vinu

Za 4 osobe

1 patka
15 ml/1 žlica umaka od žutog graha
1 luk, narezan na ploške
1 boca suhog bijelog vina

Natrljajte patku iznutra i izvana umakom od žutog graha. Stavite luk unutar udubljenja. U velikom loncu zakuhajte vino, dodajte patku, ponovno zakuhajte, poklopite i kuhajte što je moguće lagano oko 3 sata dok patka ne omekša. Ocijedite i izrežite za posluživanje.

Patka kuhana na pari u vinu

Za 4 osobe

1 patka
sol celera
200 ml/7 tečnih oz/1 mala šalica rižinog vina ili suhog šerija
30 ml/2 žlice nasjeckanog svježeg peršina

Patku iznutra i izvana natrljajte solju od celera i stavite u duboku posudu za pečenje. Stavite posudu za pečenje s vinom u šupljinu patke. Posudu stavite na rešetku u kuhalu za kuhanje na pari, poklopite i kuhajte na pari iznad kipuće vode oko 2 sata dok patka ne omekša.

pečeni fazan

Za 4 osobe

Fazan od 900g/2lb

30 ml/2 žlice soja umaka

4 razmućena jaja

120 ml/4 fl oz/½ šalice ulja od kikirikija

Otkostite fazana i sameljite meso. Pomiješajte sa sojinim umakom i ostavite 30 minuta. Fazana ocijedite i potom umočite u jaja. Zagrijte ulje i brzo popržite fazana dok ne porumeni. Dobro ocijedite prije posluživanja.

Fazan s bademima

Za 4 osobe

45 ml/3 žlice ulja od kikirikija

2 mlada luka (mladi luk), nasjeckana

1 kriška korijena đumbira, nasjeckana

225 g fazana, narezanog na vrlo tanke ploške

50 g šunke, naribane

30 ml/2 žlice soja umaka

30 ml/2 žlice rižinog vina ili suhog šerija

5 ml/1 žličica šećera

5 ml/1 žličica svježe mljevenog papra

2,5 ml/½ žličice soli

100 g/4 oz/1 šalica badema u listićima

Zagrijte ulje i popržite ljutiku i đumbir dok lagano ne porumene. Dodati fazana i šunku i pržiti 5 minuta dok ne budu gotovo kuhani. Dodajte sojin umak, vino ili šeri, šećer, papar i sol i pirjajte 2 minute. Dodajte bademe i pržite 1 minutu dok se sastojci dobro ne sjedine.

Srnetina sa suhim gljivama

Za 4 osobe

8 suhih kineskih gljiva
450 g srnećeg filea isječenog na trakice
15 ml/1 žlica nasjeckanih bobica kleke
15 ml/1 žlica sezamovog ulja
30 ml/2 žlice soja umaka
30 ml/2 žlice hoisin umaka
5 ml/1 žličica praha pet začina
30 ml/2 žlice ulja od kikirikija (kikiriki).
6 ljutika (mladi luk), nasjeckanih
30 ml/2 žlice meda
30 ml/2 žlice vinskog octa

Gljive namočite u toploj vodi 30 minuta, a zatim ih ocijedite. Uklonite peteljke i odrežite vrhove. U zdjelu stavite meso divljači. Pomiješajte bobice kleke, sezamovo ulje, sojin umak, hoisin umak i pet začina u prahu, prelijte preko divljači i ostavite da se marinira najmanje 3 sata uz povremeno miješanje. Zagrijte ulje i pecite meso 8 minuta dok ne bude pečeno. Izvadite iz posude. U tavu dodajte ljutiku i gljive i pirjajte ih 3 minute. Meso vratite u tavu s medom i vinskim octom i zagrijavajte uz miješanje.

posoljena jaja

prije 6

1,2 l/2 boda/5 šalica vode
100g/4oz kamene soli
6 pačjih jaja

Zakuhajte vodu i sol i miješajte dok se sol ne otopi. Neka se ohladi. Ulijte posoljenu vodu u veliku staklenku, dodajte jaja, poklopite i ostavite da odstoji 1 mjesec. Skuhajte jaja prije nego što ih kuhate na pari s rižom.

jaja od soje

Za 4 osobe

4 jaja

120 ml/4 fl oz/½ šalice soja umaka

120 ml/4 fl oz/½ šalice vode

50 g/2oz/¼ šalice smeđeg šećera

½ glavice zelene salate, naribane

2 rajčice, narezane na ploške

Stavite jaja u šerpu, prelijte ih hladnom vodom, zakuhajte i kuhajte 10 minuta. Ocijedite i ohladite pod tekućom vodom. Vratite jaja u tavu i dodajte sojin umak, vodu i šećer. Zakuhajte, poklopite i kuhajte 1 sat. Rasporedite zelenu salatu na tanjur za posluživanje. Jaja narežite na četvrtine i stavite ih na zelenu salatu. Poslužite ukrašeno cherry rajčicama.

jaja za čaj

Poslužuje 4–6

6 jaja
10 ml/2 žličice soli
3 vrećice kineskog čaja
45 ml/3 žlice soja umaka
1 češanj zvjezdastog anisa, nasjeckan

Stavite jaja u šerpu, prelijte ih hladnom vodom, pa lagano zakuhajte i kuhajte 15 minuta. Maknite s vatre i stavite jaja u hladnu vodu dok se ne ohlade. Ostavite da se odmori 5 minuta. Izvadite jaja iz tave i lagano razbijte ljuske, ali ih nemojte skidati. Jaja vratite u tavu i prelijte hladnom vodom. Dodajte preostale sastojke, zakuhajte i kuhajte 1½ sat. Ohladiti i odstraniti koru.

krema od jaja

Za 4 osobe

4 razmućena jaja
375 ml/13 tečnih oz/1½ šalice pilećeg temeljca
2,5 ml/½ žličice soli
1 mladi luk (kapula), nasjeckan
100 g oguljenih kozica, krupno nasjeckanih
15 ml/1 žlica soja umaka
15 ml/1 žlica ulja od kikirikija

Pomiješajte sve sastojke osim ulja u dubljoj zdjeli i stavite zdjelu u posudu za pečenje napunjenu 1 cm vode. Poklopite i kuhajte na pari 15 minuta. Zagrijte ulje i njime prelijte kremu. Poklopite i kuhajte na pari još 15 minuta.

jaja kuhana na pari

Za 4 osobe

250 ml/8 tečnih oz/1 šalica pileće juhe

4 jaja, lagano tučena

15 ml/1 žlica rižinog vina ili suhog šerija

5 ml/1 žličica ulja od kikirikija

2,5 ml/½ žličice soli

2,5 ml/½ žličice šećera

2 mlada luka (mladi luk), nasjeckana

15 ml/1 žlica soja umaka

Lagano umutite jaja s vinom ili šerijem, uljem, solju, šećerom i vlascem. Zagrijte juhu, pa je polako umiješajte u smjesu od jaja i ulijte u plitku posudu za pečenje. Posudu stavite na rešetku u kuhalu za kuhanje na pari, poklopite i kuhajte na pari oko 30 minuta iznad kipuće vode dok smjesa ne dobije konzistenciju guste kreme. Prije posluživanja pospite soja umakom.

šunka kuhana na pari

Poslužuje 6–8

900 g svježe šunke

30 ml/2 žlice smeđeg šećera

60 ml/4 žlice rižinog vina ili suhog šerija

Stavite šunku u vatrostalnu posudu za pečenje na rešetku, poklopite i kuhajte na pari u kipućoj vodi oko 1 sat. U jelo dodajte šećer i vino ili sherry, poklopite i kuhajte na pari još sat vremena ili dok šunka ne bude kuhana. Ostavite da se ohladi u zdjeli prije rezanja.

slanina sa kupusom

Za 4 osobe

4 kriške slanine, naribane, otopljene i nasjeckane
2,5 ml/½ žličice soli
1 kriška korijena đumbira, nasjeckana
½ kupusa, nasjeckanog
75 ml/5 žlica pilećeg temeljca
15 ml/1 žlica umaka od kamenica

Slaninu popržite dok ne postane hrskava pa je izvadite iz tave. Dodajte sol i đumbir te pirjajte 2 minute. Dodajte kupus i dobro promiješajte, zatim dodajte slaninu i dodajte juhu, poklopite i kuhajte oko 5 minuta dok kupus ne omekša, ali još uvijek lagano hrska. Dodajte umak od kamenica, poklopite i pirjajte 1 minutu prije posluživanja.

Piletina od badema

Poslužuje 4–6

375 ml/13 tečnih oz/1½ šalice pilećeg temeljca

60 ml/4 žlice rižinog vina ili suhog šerija

45 ml/3 žlice kukuruznog brašna (kukuruzni škrob)

15 ml/1 žlica soja umaka

4 pileća prsa

1 bjelanjak

2,5 ml/½ žličice soli

Pržiti ulje

75 g/3 unce/½ šalice blanširanih badema

1 veća mrkva, narezana na kockice

5 ml/1 žličica naribanog korijena đumbira

6 mladog luka (mladi luk), narezanog na ploške

3 stabljike celera, narezane na ploške

100 g šampinjona, narezanih na ploške

100 g izdanaka bambusa, narezanih

Pomiješajte temeljac, pola vina ili šerija, 30 ml/2 žlice kukuruznog brašna i sojin umak u loncu. Pustite da zavrije uz miješanje pa kuhajte 5 minuta dok se smjesa ne zgusne. Maknite s vatre i držite na toplom.

Uklonite kožu i kosti s piletine i narežite je na komade od 1 inča. Ostatak vina ili šerija pomiješajte s kukuruznim škrobom, bjelanjkom i soli, dodajte komade piletine i dobro promiješajte. Zagrijte ulje i pržite komade piletine nekoliko po nekoliko oko 5 minuta dok ne porumene. Dobro ocijediti. Uklonite sve osim 30 ml/2 žlice ulja iz tave i pirjajte bademe 2 minute dok ne porumene. Dobro ocijediti. Dodajte mrkvu i đumbir u tavu i pirjajte 1 minutu. Dodajte preostalo povrće i pirjajte oko 3 minute dok povrće ne bude mekano, ali još uvijek hrskavo. Vratite piletinu i bademe u tavu s umakom i miješajte na srednje jakoj vatri nekoliko minuta dok se ne skuhaju.

Piletina s bademima i vodenim kestenima

Za 4 osobe

6 suhih kineskih gljiva
4 komada piletine bez kosti
100g/4oz nasjeckanih badema
sol i svježe mljeveni papar
60 ml/4 žlice ulja od kikirikija
100 g vodenog kestena, narezanog na ploške
75 ml/5 žlica pilećeg temeljca
30 ml/2 žlice soja umaka

Gljive namočite u toploj vodi 30 minuta, a zatim ih ocijedite. Uklonite peteljke i odrežite vrhove. Piletinu narežite na tanke ploške. Bademe obilno začinite solju i paprom i prekrijte kriške piletine bademima. Zagrijte ulje i pržite piletinu dok lagano ne porumeni. Dodajte gljive, vodene kestene, temeljac i sojin umak, zakuhajte, poklopite i kuhajte nekoliko minuta dok se piletina ne skuha.

Piletina sa bademima i povrćem

Za 4 osobe

75 ml/5 žlica ulja od kikirikija

4 kriške nasjeckanog korijena đumbira

5 ml/1 žličica soli

100 g bok choya, naribanog

50 g mladica bambusa nasjeckanih na kockice

50 g gljiva, nasjeckanih na kockice

2 stabljike celera narezati na kockice

3 vodena kestena, narezana na kockice

120 ml/4 fl oz/½ šalice pileće juhe

225 g pilećih prsa, narezanih na kockice

15 ml/1 žlica rižinog vina ili suhog šerija

50 g/2 unce graška

100 g badema u listićima, prženih

10 ml/2 žličice kukuruznog brašna (kukuruzni škrob)

15 ml/1 žlica vode

Zagrijte pola ulja i pržite đumbir i sol 30 sekundi. Dodajte kupus, mladice bambusa, gljive, celer i vodene kestene te pržite 2 minute. Dodajte juhu, zakuhajte, poklopite i kuhajte 2 minute. Izvadite povrće i umak iz tave. Zagrijte preostalo ulje i pržite piletinu 1 minutu. Dodajte vino ili šeri i pržite 1 minutu. Vratite povrće u tavu sa snježnim graškom i bademima i pirjajte 30 sekundi. Pomiješajte kukuruzni škrob i vodu u pastu, dodajte u umak i kuhajte na laganoj vatri uz miješanje dok se umak ne zgusne.

Piletina s anisom

Za 4 osobe

75 ml/5 žlica ulja od kikirikija

2 glavice luka nasjeckane

1 režanj češnjaka, samljeven

2 kriške nasjeckanog korijena đumbira

15 ml/1 žlica glatkog brašna (višenamjenskog)

30 ml/2 žlice curry praha

450 g/1 lb piletine, narezane na kocke

15 ml/1 žlica šećera

30 ml/2 žlice soja umaka

450 ml/¾ pt/2 šalice pilećeg temeljca

2 češnja zvjezdastog anisa

225g/8oz krumpira, narezanog na kockice

Zagrijte pola ulja i popržite luk dok lagano ne porumeni pa ga izvadite iz tave. Zagrijte preostalo ulje i pržite češnjak i đumbir 30 sekundi. Dodajte brašno i curry prah i kuhajte 2 minute. Vratite luk u tavu, dodajte piletinu i pirjajte 3 minute. Dodajte šećer, sojin umak, juhu i anis, zakuhajte, poklopite i kuhajte 15 minuta. Dodajte krumpir, ponovno zakuhajte, poklopite i pirjajte još 20 minuta dok ne omekša.

marelica piletina

Za 4 osobe

4 komada piletine
sol i svježe mljeveni papar
prstohvat mljevenog đumbira
60 ml/4 žlice ulja od kikirikija
225g/8oz konzerviranih marelica, prepolovljenih
300 ml/½ pt/1 ¼ šalice slatko-kiselog umaka
30 ml/2 žlice badema u listićima, prženih

Začinite piletinu solju, paprom i đumbirom. Zagrijte ulje i pržite piletinu dok lagano ne porumeni. Poklopite i kuhajte oko 20 minuta dok ne omekša, povremeno miješajući. Ocijedite ulje. Dodajte marelice i umak u tavu, zakuhajte, poklopite i kuhajte oko 5 minuta ili dok ne zakuhaju. Ukrasite narezanim bademima.

Piletina sa šparogama

Za 4 osobe

45 ml/3 žlice ulja od kikirikija
5 ml/1 žličica soli
1 češanj češnjaka, zgnječen
1 mladi luk (kapula), nasjeckan
1 pileća prsa, narezana
30 ml/2 žlice umaka od crnog graha
350 g šparoga, narezanih na komade od 2,5 cm
120 ml/4 fl oz/½ šalice pileće juhe
5 ml/1 žličica šećera
15 ml/1 žlica kukuruznog brašna (kukuruzni škrob)
45 ml/3 žlice vode

Zagrijte pola ulja i pirjajte sol, češnjak i mladi luk dok lagano ne porumene. Dodajte piletinu i pržite dok ne dobije svijetlu boju. Dodajte umak od crnog graha i promiješajte da obložite piletinu. Dodajte šparoge, temeljac i šećer, zakuhajte, poklopite i kuhajte 5 minuta dok piletina ne omekša. Pomiješajte kukuruzni škrob i vodu u pastu, dodajte je u tavu i kuhajte na laganoj vatri uz miješanje dok umak ne postane bistar i zgusne se.

Piletina Sa Patlidžanima

Za 4 osobe

225g/8oz piletine, narezane na kriške
15 ml/1 žlica soja umaka
15 ml/1 žlica rižinog vina ili suhog šerija
15 ml/1 žlica kukuruznog brašna (kukuruzni škrob)
1 patlidžan (patlidžan), oguljen i narezan na trakice
30 ml/2 žlice ulja od kikirikija (kikiriki).
2 suhe crvene paprike
2 češnja češnjaka, zgnječena
75 ml/5 žlica pilećeg temeljca

Stavite piletinu u zdjelu. Pomiješajte sojin umak, vino ili šeri i kukuruzno brašno, dodajte piletini i ostavite da odstoji 30 minuta. Patlidžane blanširajte u kipućoj vodi 3 minute i dobro ocijedite. Zagrijte ulje i popržite paprike dok ne porumene pa ih izvadite i bacite. Dodajte češnjak i piletinu i pirjajte dok ne dobiju svijetlu boju. Dodajte temeljac i patlidžane, zakuhajte, poklopite i kuhajte 3 minute uz povremeno miješanje.

Rolovana piletina sa slaninom

Poslužuje 4–6

225g/8oz piletine, narezane na kocke

30 ml/2 žlice soja umaka

15 ml/1 žlica rižinog vina ili suhog šerija

5 ml/1 žličica šećera

5 ml/1 žličica sezamovog ulja

sol i svježe mljeveni papar

225g/8oz kriški slanine

1 jaje, lagano tučeno

100g/4oz glatkog brašna (višenamjenskog)

Pržiti ulje

4 rajčice, narezane na ploške

Pomiješajte piletinu sa soja umakom, vinom ili šerijem, šećerom, sezamovim uljem, soli i paprom. Pokrijte i marinirajte 1 sat, povremeno miješajući, zatim izvadite piletinu i bacite marinadu. Slaninu narežite na sitne komadiće i omotajte oko kockica piletine. Umutite jaja s brašnom dok ne dobijete gustu smjesu, po potrebi dodajte malo mlijeka. Umočite kockice u tijesto. Zagrijte ulje i pržite kockice dok ne porumene i dobro se ispeku. Poslužite ukrašeno cherry rajčicama.

Piletina s klicama graha

Za 4 osobe

45 ml/3 žlice ulja od kikirikija
1 češanj češnjaka, zgnječen
1 mladi luk (kapula), nasjeckan
1 kriška korijena đumbira, nasjeckana
225 g pilećih prsa, narezanih na trakice
225 g/8 oz zrna soje
45 ml/3 žlice soja umaka
15 ml/1 žlica rižinog vina ili suhog šerija
5 ml/1 žličica kukuruznog brašna (kukuruzni škrob)

Zagrijte ulje i popržite češnjak, mladi luk i đumbir dok lagano ne porumene. Dodajte piletinu i pirjajte 5 minuta. Dodajte klice graha i pržite ih 2 minute. Dodajte sojin umak, vino ili šeri i kukuruzni škrob i pirjajte oko 3 minute dok piletina ne bude pečena.

Piletina s umakom od crnog graha

Za 4 osobe

30 ml/2 žlice ulja od kikirikija (kikiriki).
5 ml/1 žličica soli
30 ml/2 žlice umaka od crnog graha
2 češnja češnjaka, zgnječena
450g/1lb piletine narezane na kockice
250 ml/8 tečnih oz/1 šalica temeljca
1 zelena paprika, narezana na kockice
1 glavica luka nasjeckana
15 ml/1 žlica soja umaka
svježe mljeveni papar
15 ml/1 žlica kukuruznog brašna (kukuruzni škrob)
45 ml/3 žlice vode

Zagrijte ulje i pirjajte sol, crni grah i češnjak 30 sekundi. Dodajte piletinu i pržite dok lagano ne porumeni. Dodajte juhu, zakuhajte, poklopite i kuhajte 10 minuta. Dodajte papriku, luk, sojin umak i papar, poklopite i pirjajte još 10 minuta. Pomiješajte kukuruzni škrob i vodu da dobijete pastu, dodajte umak i kuhajte na laganoj vatri, miješajući, dok se umak ne zgusne i piletina ne omekša.

Piletina s brokulom

Za 4 osobe

450 g pilećeg mesa, narezanog na kockice
225g/8oz pileća jetrica
45 ml/3 žlice glatkog brašna (višenamjenskog)
45 ml/3 žlice ulja od kikirikija
1 glavica luka nasjeckana
1 crvena paprika, narezana na kockice
1 zelena paprika, narezana na kockice
225g/8oz cvjetova brokule
4 kriške ananasa, narezanog na kockice
30 ml/2 žlice pirea od rajčice (pasta)
30 ml/2 žlice hoisin umaka
30 ml/2 žlice meda
30 ml/2 žlice soja umaka
300 ml/½ pt/1¼ šalice pileće juhe
10 ml/2 žličice sezamovog ulja

Piletinu i jetrice udubite u brašno. Zagrijte ulje i pržite jetricu 5 minuta pa je izvadite iz tave. Dodajte piletinu, poklopite i pržite na srednjoj vatri 15 minuta, povremeno miješajući. Dodajte povrće i ananas i pirjajte 8 minuta. Jetrica vratite u wok, dodajte preostale sastojke i prokuhajte. Kuhajte na laganoj vatri uz miješanje dok se umak ne zgusne.

Piletina sa kupusom i kikirikijem

Za 4 osobe
45 ml/3 žlice ulja od kikirikija
30 ml/2 žlice kikirikija
450g/1lb piletine narezane na kockice
½ glavice kupusa izrezati na kvadrate
15 ml/1 žlica umaka od crnog graha
2 crvena čilija, nasjeckana
5 ml/1 žličica soli

Zagrijte malo ulja i pržite kikiriki nekoliko minuta uz stalno miješanje. Izvadite, ocijedite i zatim zgnječite. Zagrijte preostalo ulje i popržite piletinu i kupus dok lagano ne porumene. Izvadite iz posude. Dodajte umak od crnog graha i čili i pirjajte 2 minute. Piletinu i kupus vratite u tavu s nasjeckanim kikirikijem i posolite. Pirjajte dok se potpuno ne zagrije i odmah poslužite.

Piletina s indijskim oraščićima

Za 4 osobe

30 ml/2 žlice soja umaka

30 ml/2 žlice kukuruznog brašna (kukuruzni škrob)

15 ml/1 žlica rižinog vina ili suhog šerija

350g/12oz piletine, narezane na kocke

45 ml/3 žlice ulja od kikirikija

2,5 ml/½ žličice soli

2 češnja češnjaka, zgnječena

225g/8oz šampinjona, narezanih

100 g vodenog kestena, narezanog na ploške

100g/4oz mladica bambusa

50 g/2 unce graška

225 g/8 unci/2 šalice indijskih oraščića

300 ml/½ pt/1¼ šalice pileće juhe

Pomiješajte sojin umak, kukuruzno brašno i vino ili šeri, prelijte preko piletine, poklopite i ostavite da se marinira najmanje 1 sat. Zagrijte 30 ml/2 žlice ulja sa soli i češnjakom i pržite dok češnjak lagano ne porumeni. Dodajte piletinu s marinadom i pirjajte 2 minute dok piletina lagano ne porumeni. Dodajte gljive, vodene kestene, mladice bambusa i grašak te pržite 2 minute. Za to vrijeme u posebnoj posudi zagrijte preostalo ulje i na laganoj vatri pržite indijske oraščiće nekoliko minuta dok ne porumene. Dodajte ih u tavu s juhom, zakuhajte, poklopite i kuhajte 5 minuta. Ako se umak nije dovoljno zgusnuo, dodajte malo kukuruznog brašna razmućenog sa žlicom vode i miješajte dok se umak ne zgusne i postane bistar.

Piletina s kestenom

Za 4 osobe

225g/8oz piletine, narezane na kriške
5 ml/1 žličica soli
15 ml/1 žlica soja umaka
Pržiti ulje
250 ml/8 tečnih oz/1 šalica pileće juhe
200 g nasjeckanih vodenih kestena
225g/8oz nasjeckanih kestena
225g/8oz gljiva, narezanih na četvrtine
15 ml/1 žlica nasjeckanog svježeg peršina

Pospite piletinu solju i soja umakom i dobro utrljajte u piletinu. Zagrijte ulje i ispecite piletinu dok ne porumeni pa je izvadite i ocijedite. Stavite piletinu u tavu s juhom, zakuhajte i kuhajte 5 minuta. Dodajte vodene kestene, kestene i gljive, poklopite i kuhajte oko 20 minuta dok sve ne omekša. Poslužite ukrašeno peršinom.

Ljuta čili papričica s piletinom

Za 4 osobe

350g/1lb pilećeg mesa, narezanog na kockice

1 jaje, lagano tučeno

10 ml/2 žličice soja umaka

2,5 ml/½ žličice kukuruznog brašna (kukuruzni škrob)

Pržiti ulje

1 zelena paprika, narezana na kockice

4 češnja češnjaka, zgnječena

2 crvena čilija, naribana

5 ml/1 žličica svježe mljevenog papra

5 ml/1 žličica vinskog octa

5 ml/1 žličica vode

2,5 ml/½ žličice šećera

2,5 ml/½ žličice čili ulja

2,5 ml/½ žličice sezamovog ulja

Pomiješajte piletinu s jajetom, polovicom soja umaka i kukuruznim škrobom te ostavite da odstoji 30 minuta. Zagrijte ulje i ispecite piletinu dok ne porumeni pa je dobro ocijedite. Uklonite sve osim 15 ml/1 žlice ulja iz tave, dodajte papar, češnjak i čili i pržite 30 sekundi. Dodajte papar, vinski ocat, vodu i šećer te pržite 30 sekundi. Vratite piletinu u tavu i pržite nekoliko minuta dok ne bude pečena. Poslužite posuto čilijem i sezamovim uljem.

Piletina pirjana s čili papričicom

Za 4 osobe

225g/8oz piletine, narezane na kriške

2,5 ml/½ žličice soja umaka

2,5 ml/½ žličice sezamovog ulja

2,5 ml/½ žličice rižinog vina ili suhog šerija

5 ml/1 žličica kukuruznog brašna (kukuruzni škrob)

sol

45 ml/3 žlice ulja od kikirikija

100g/4oz špinata

4 ljutike (mladi luk), nasjeckane

2,5 ml/½ žličice čilija u prahu

15 ml/1 žlica vode

1 rajčica, narezana na ploške

Prelijte piletinu soja umakom, sezamovim uljem, vinom ili šerijem, polovicom kukuruznog škroba i prstohvatom soli. Ostavite da se odmori 30 minuta. Zagrijte 15 ml/1 žlicu ulja i pržite piletinu dok lagano ne porumeni. Izvadite iz woka. Zagrijte 15 ml/1 žlicu ulja i pirjajte špinat dok ne uvene, zatim ga izvadite iz woka. Zagrijte preostalo ulje i pržite ljutiku, čili u prahu, vodu i preostali kukuruzni škrob 2 minute. Dodajte piletinu i brzo je zapržite. Rasporedite špinat oko toplog pladnja za posluživanje, na vrh stavite piletinu i poslužite s prilogom od rajčica.

Piletina na kineski način

Za 4 osobe

100g/4oz kineskog lišća, nasjeckanog
100 g izdanaka bambusa, narezanih na trakice
60 ml/4 žlice ulja od kikirikija
3 mlada luka (mladi luk), narezana na ploške
2 češnja češnjaka, zgnječena
1 kriška korijena đumbira, nasjeckana
225 g pilećih prsa, narezanih na trakice
45 ml/3 žlice soja umaka
15 ml/1 žlica rižinog vina ili suhog šerija
5 ml/1 žličica soli
2,5 ml/½ žličice šećera
svježe mljeveni papar
15 ml/1 žlica kukuruznog brašna (kukuruzni škrob)

Listove kineza i izdanke bambusa blanširajte u kipućoj vodi 2 minute. Ocijedite i osušite. Zagrijte 45 ml/3 žlice ulja i pržite luk, češnjak i đumbir dok lagano ne porumene. Dodajte piletinu i pirjajte 4 minute. Izvadite iz posude. Zagrijte preostalo ulje i pirjajte povrće 3 minute. Dodajte piletinu, soja umak, vino ili sherry, sol, šećer i prstohvat papra te pirjajte 1 minutu. Kukuruzni škrob pomiješajte s malo vode, dodajte u umak i kuhajte na laganoj vatri uz miješanje dok se umak ne izbistri i ne zgusne.

piletina, chow mein

Za 4 osobe

30 ml/2 žlice ulja od kikirikija (kikiriki).
2 češnja češnjaka, zgnječena
450 g/lb piletine, narezane na kriške
225g/8oz mladica bambusa, narezanih
100g/4oz celera, narezanog na ploške
225g/8oz šampinjona, narezanih
450 ml/¾ pt/2 šalice pilećeg temeljca
225 g/8 oz zrna soje
4 glavice luka, narezane na kriške
30 ml/2 žlice soja umaka
30 ml/2 žlice kukuruznog brašna (kukuruzni škrob)
225g/8oz Sušenih kineskih rezanaca

Zagrijte ulje s češnjakom dok ne porumeni, zatim dodajte piletinu i pržite 2 minute dok ne porumeni. Dodajte mladice bambusa, celer i gljive te pržite 3 minute. Dodajte veći dio juhe, zakuhajte, poklopite i kuhajte 8 minuta. Dodajte klice graha i luk te pirjajte 2 minute uz miješanje dok ne ostane malo temeljca. Pomiješajte preostalu juhu sa sojinim umakom i kukuruznim brašnom. Umiješajte u tavu i kuhajte na laganoj vatri uz miješanje dok umak ne postane proziran i zgusne se.

U međuvremenu kuhajte tagliatelle nekoliko minuta u kipućoj slanoj vodi prema uputama na pakiranju. Dobro ocijedite, zatim prelijte smjesom od piletine i odmah poslužite.

Hrskavo pržena piletina sa začinima

Za 4 osobe

450 g pilećeg mesa narezanog na komade

30 ml/2 žlice soja umaka

30 ml/2 žlice umaka od šljiva

45 ml/3 žlice mango chutneya

1 češanj češnjaka, zgnječen

2,5 ml/½ žličice mljevenog đumbira

nekoliko kapi rakije

30 ml/2 žlice kukuruznog brašna (kukuruzni škrob)

2 razmućena jaja

100g/4oz/1 šalica suhih krušnih mrvica

30 ml/2 žlice ulja od kikirikija (kikiriki).

6 ljutika (mladi luk), nasjeckanih

1 crvena paprika, narezana na kockice

1 zelena paprika, narezana na kockice

30 ml/2 žlice soja umaka

30 ml/2 žlice meda

30 ml/2 žlice vinskog octa

Stavite piletinu u zdjelu. Pomiješajte umake, ajvar, češnjak, đumbir i rakiju, prelijte preko piletine, poklopite i ostavite da se marinira 2 sata. Ocijedite piletinu i zatim je pospite kukuruznim brašnom. Prelijte jajima, a zatim prezlama. Zagrijte ulje pa pržite piletinu dok ne porumeni. Izvadite iz posude. Dodajte povrće i pržite ga 4 minute, zatim izvadite. Ocijedite ulje iz tave pa vratite piletinu i povrće u tavu s ostalim sastojcima. Zakuhajte i zagrijte prije posluživanja.

Pečena piletina s krastavcima

Za 4 osobe

225g/8oz pilećeg mesa

1 bjelanjak

2,5 ml/½ žličice kukuruznog brašna (kukuruzni škrob)

sol

½ krastavca

30 ml/2 žlice ulja od kikirikija (kikiriki).

100 g šampinjona

50 g izdanaka bambusa, narezanih na trakice

50 g šunke narezane na kockice

15 ml/1 žlica vode

2,5 ml/½ žličice soli

2,5 ml/½ žličice rižinog vina ili suhog šerija

2,5 ml/½ žličice sezamovog ulja

Piletinu nasjeckajte i narežite na kockice. Pomiješajte s bjelanjkom, kukuruznim brašnom i soli i ostavite da odstoji. Krastavac uzdužno prepolovite i dijagonalno narežite na deblje ploške. Zagrijte ulje i ispecite piletinu dok lagano ne porumeni pa je izvadite iz tave. Dodajte krastavac i mladice bambusa i pržite 1 minutu. Vratite piletinu u tavu sa šunkom, vodom, soli i vinom ili šerijem. Pustite da zavrije i kuhajte dok piletina ne omekša. Poslužite poprskano sezamovim uljem.

Chili i pileći curry

Za 4 osobe

120 ml/4 fl oz/½ šalice ulja od kikirikija
4 komada piletine
1 glavica luka nasjeckana
5 ml/1 žličica curry praha
5 ml/1 žličica ljutog umaka
15 ml/1 žlica rižinog vina ili suhog šerija
2,5 ml/½ žličice soli
600 ml/1 pt/2½ šalice pileće juhe
15 ml/1 žlica kukuruznog brašna (kukuruzni škrob)
45 ml/3 žlice vode
5 ml/1 žličica sezamovog ulja

Zagrijte ulje i popržite komade piletine dok ne porumene s obje strane pa ih izvadite iz tave. Dodajte luk, curry prah i ljuti umak te pirjajte 1 minutu. Dodajte vino ili sherry i posolite, dobro promiješajte pa vratite piletinu u tavu i ponovno promiješajte. Dodajte temeljac, zakuhajte i kuhajte oko 30 minuta dok piletina ne omekša. Ako se umak nije dovoljno reducirao, pomiješajte kukuruzni škrob i vodu u pastu, dodajte malo u umak i kuhajte uz miješanje dok se umak ne zgusne. Poslužite poprskano sezamovim uljem.

Kineski pileći curry

Za 4 osobe

45 ml/3 žlice curry praha
1 luk, narezan na ploške
350g piletine narezane na kockice
150 ml/¼ pt/½ izdašne šalice pilećeg temeljca
5 ml/1 žličica soli
10 ml/2 žličice kukuruznog brašna (kukuruzni škrob)
15 ml/1 žlica vode

Zagrijte curry prah i luk na suhoj tavi 2 minute, tresući tavu da prekrijete luk. Dodajte piletinu i miješajte dok se dobro ne prekrije curry prahom. Dodajte temeljac i sol, zakuhajte, poklopite i pirjajte oko 5 minuta dok piletina ne omekša. Pomiješajte kukuruzni škrob i vodu u pastu, dodajte je u tavu i kuhajte na laganoj vatri uz miješanje dok se umak ne zgusne.

Brzi pileći curry

Za 4 osobe

450 g pilećih prsa, narezanih na kockice
45 ml/3 žlice rižinog vina ili suhog šerija
50 g/2 oz kukuruznog brašna (kukuruzni škrob)
1 bjelanjak
sol
150 ml/¼ pt/½ velike šalice ulja od kikirikija
15 ml/1 žlica curry praha
10 ml/2 žličice smeđeg šećera
150 ml/¼ pt/½ izdašne šalice pilećeg temeljca

Umiješajte kockice piletine i sherry. Sačuvajte 10 ml/2 žličice kukuruznog škroba. Umutite bjelanjak s preostalim kukuruznim brašnom i prstohvatom soli, pa umiješajte u piletinu dok se dobro ne obloži. Zagrijte ulje i pržite piletinu dok ne bude pečena i zlatna. Izvadite iz posude i ocijedite sve osim 15 ml/1 žlice ulja. Dodajte sačuvani kukuruzni škrob, curry prah i šećer te pržite 1 minutu. Dodajte temeljac, zakuhajte i uz stalno miješanje kuhajte dok se umak ne zgusne.

Vratite piletinu u tavu, promiješajte i zagrijte prije posluživanja.

Pileći curry s krumpirom

Za 4 osobe

45 ml/3 žlice ulja od kikirikija

2,5 ml/½ žličice soli

1 češanj češnjaka, zgnječen

750 g/1½ lb piletine, narezane na kocke

225g/8oz krumpira, narezanog na kockice

4 glavice luka, narezane na kriške

15 ml/1 žlica curry praha

450 ml/¾ pt/2 šalice pilećeg temeljca

225g/8oz šampinjona, narezanih

Zagrijte ulje sa soli i češnjakom, dodajte piletinu i pržite dok lagano ne porumeni. Dodajte krumpir, luk i curry te pirjajte 2 minute. Dodajte temeljac, zakuhajte, poklopite i uz povremeno miješanje pirjajte oko 20 minuta dok se piletina ne skuha. Dodajte gljive, maknite poklopac i kuhajte još 10 minuta dok se tekućina ne reducira.

Pržene pileće noge

Za 4 osobe

2 velika pileća batka bez kostiju

2 vlasca (mladi luk)

1 kriška đumbira, istučena

120 ml/4 fl oz/½ šalice soja umaka

5 ml/1 žličica rižinog vina ili suhog šerija

Pržiti ulje

5 ml/1 žličica sezamovog ulja

svježe mljeveni papar

Pileće meso rasporediti i zarezati sa svih strana. 1 mladi luk izlupajte, a drugi nasjeckajte. Pomiješajte spljošteni vlasac s đumbirom, soja umakom i vinom ili šerijem. Prelijte preko piletine i ostavite da se marinira 30 minuta. Izvadite i ocijedite. Stavite na tanjur na rešetku za paru i kuhajte na pari 20 minuta.

Zagrijte ulje i pržite piletinu oko 5 minuta dok ne porumeni. Izvadite iz posude, dobro ocijedite i narežite na deblje ploške pa ploške složite na topli tanjur za posluživanje. Zagrijte sezamovo ulje, dodajte nasjeckani vlasac i papar, prelijte preko piletine i poslužite.

Pečena piletina s curry umakom

Za 4 osobe

1 jaje, lagano tučeno
30 ml/2 žlice kukuruznog brašna (kukuruzni škrob)
25 g/1 unca/¼ šalice glatkog brašna (višenamjenskog)
2,5 ml/½ žličice soli
225g/8oz piletine, narezane na kocke
Pržiti ulje
30 ml/2 žlice ulja od kikirikija (kikiriki).
30 ml/2 žlice curry praha
60 ml/4 žlice rižinog vina ili suhog šerija

Tucite jaje s kukuruznim škrobom, brašnom i soli dok ne dobijete gustu smjesu. Prelijte preko piletine i dobro promiješajte da se prekrije. Zagrijte ulje i pržite piletinu dok ne porumeni i dobro se ispeče. U međuvremenu zagrijte ulje i pržite curry 1 minutu. Dodajte vino ili šeri i pustite da zavrije. Stavite piletinu na topli tanjur i prelijte je curry umakom.

pijana kokoš

Za 4 osobe

450 g pilećeg filea, isječenog na komade

60 ml/4 žlice soja umaka

30 ml/2 žlice hoisin umaka

30 ml/2 žlice umaka od šljiva

30 ml/2 žlice vinskog octa

2 češnja češnjaka, zgnječena

prstohvat soli

nekoliko kapi čili ulja

2 bjelanjka

60 ml/4 žlice kukuruznog brašna (kukuruzni škrob)

Pržiti ulje

200 ml/½ pt/1 ¼ šalice rižinog vina ili suhog šerija

Stavite piletinu u zdjelu. Pomiješajte umake i vinski ocat, češnjak, sol i čili ulje, prelijte preko piletine i marinirajte u hladnjaku 4 sata. Od bjelanjaka istucite čvrsti snijeg i dodajte kukuruzno brašno. Izvadite piletinu iz marinade i premažite je smjesom od bjelanjaka. Zagrijte ulje i pržite piletinu dok ne bude pečena i zlatna. Dobro ih ocijedite na kuhinjskom papiru i stavite u zdjelu. Ulijte vino ili sherry, poklopite i ostavite da se marinira u hladnjaku 12 sati. Piletinu izvadite iz vina i poslužite hladnu.

Slana piletina s jajima

Za 4 osobe
30 ml/2 žlice ulja od kikirikija (kikiriki).
4 komada piletine
2 mlada luka (mladi luk), nasjeckana
1 češanj češnjaka, zgnječen
1 kriška korijena đumbira, nasjeckana
175 ml/6 tečnih oz/¾ šalice soja umaka
30 ml/2 žlice rižinog vina ili suhog šerija
30 ml/2 žlice smeđeg šećera
5 ml/1 žličica soli
375 ml/13 fl oz/1 ½ šalice vode
4 tvrdo kuhana (kuhana) jaja

15 ml/1 žlica kukuruznog brašna (kukuruzni škrob)

Zagrijte ulje i pržite komade piletine dok ne porumene.
Dodajte ljutiku, češnjak i đumbir i pirjajte 2 minute. Dodajte sojin umak, vino ili šeri, šećer i sol i dobro promiješajte.
Dodajte vodu i zakuhajte, poklopite i kuhajte 20 minuta.
Dodajte tvrdo kuhana jaja, poklopite i kuhajte još 15 minuta.
Kukuruzni škrob pomiješajte s malo vode, dodajte u umak i kuhajte na laganoj vatri uz miješanje dok se umak ne izbistri i ne zgusne.

Rolice od pilećih jaja

Za 4 osobe

4 sušene kineske gljive
100g/4oz piletine, narezane na trakice
5 ml/1 žličica kukuruznog brašna (kukuruzni škrob)
15 ml/1 žlica soja umaka
2,5 ml/½ žličice soli
2,5 ml/½ žličice šećera
60 ml/4 žlice ulja od kikirikija
225 g/8 oz zrna soje
3 ljutike (mladi luk), nasjeckane
100g/4oz špinata
12 kora za rolat jaja
1 razmućeno jaje
Pržiti ulje

Gljive namočite u toploj vodi 30 minuta, a zatim ih ocijedite. Uklonite peteljke i nasjeckajte klobuke. Stavite piletinu u zdjelu. Pomiješajte kukuruzni škrob s 5 ml/1 žličicom soja umaka, solju i šećerom i pomiješajte s piletinom. Ostavite da se odmori 15 minuta. Zagrijte pola ulja i pržite piletinu dok lagano ne porumeni. Klice graha blanširajte u kipućoj vodi 3 minute i potom ocijedite. Zagrijte preostalo ulje i popržite mladi luk dok lagano ne porumeni. Dodajte gljive, klice graha, špinat i preostali soja umak. Dodajte piletinu i pirjajte 2 minute. Neka se ohladi. U sredinu svake kore stavite malo nadjeva, a rubove premažite razmućenim jajetom. Presavijte stranice i zatim zarolajte rolice, rubove zalijepite jajetom. Zagrijte ulje i pecite rolnice dok ne porumene i hrskave.

Pirjana piletina s jajima

Za 4 osobe

30 ml/2 žlice ulja od kikirikija (kikiriki).
4 fileta pilećih prsa, narezana na trakice
1 crvena paprika, narezana na trakice
1 zelena paprika, narezana na trakice
45 ml/3 žlice soja umaka
45 ml/3 žlice rižinog vina ili suhog šerija
250 ml/8 tečnih oz/1 šalica pileće juhe
100g/4oz zelene salate iceberg, nasjeckane
5 ml/1 žličica smeđeg šećera
30 ml/2 žlice hoisin umaka
sol i papar
15 ml/1 žlica kukuruznog brašna (kukuruzni škrob)
30 ml/2 žlice vode
4 jaja
30 ml/2 žlice šerija

Zagrijte ulje i pržite piletinu i papriku dok ne porumene. Dodajte sojin umak, vino ili sherry i temeljac, zakuhajte, poklopite i kuhajte 30 minuta. Dodajte zelenu salatu, šećer i umak od hoisina te začinite solju i paprom. Pomiješajte kukuruznu krupicu i vodu, dodajte u umak i pustite da zavrije uz miješanje. Umutite jaja sa šerijem i ispecite ih na tanke omlete. Posolite, popaprite i narežite na trakice. Složite na topli tanjir za posluživanje i prelijte preko piletine.

Dalekoistočna piletina

Za 4 osobe

60 ml/4 žlice ulja od kikirikija
450 g pilećeg mesa narezanog na komade
2 češnja češnjaka, zgnječena
2,5 ml/½ žličice soli
2 glavice luka nasjeckane
2 komada stabljike đumbira, nasjeckane
45 ml/3 žlice soja umaka
30 ml/2 žlice hoisin umaka
45 ml/3 žlice rižinog vina ili suhog šerija
300 ml/½ pt/1¼ šalice pileće juhe
5 ml/1 žličica svježe mljevenog papra
6 tvrdo kuhanih jaja nasjeckanih
15 ml/1 žlica kukuruznog brašna (kukuruzni škrob)
15 ml/1 žlica vode

Zagrijte ulje i pržite piletinu dok ne porumeni. Dodajte češnjak, sol, luk i đumbir te pržite 2 minute. Dodajte sojin umak, hoisin umak, vino ili šeri, juhu i papar. Pustite da zavrije, poklopite i kuhajte 30 minuta. Dodajte jaja. Pomiješajte kukuruzni škrob i vodu i umiješajte u umak. Pustite da zavrije i uz miješanje kuhajte dok se umak ne zgusne.

foo mlada piletina

Za 4 osobe

6 tučenih jaja
45 ml/3 žlice kukuruznog brašna (kukuruzni škrob)
100 g gljiva, grubo nasjeckanih
225 g pilećih prsa, narezanih na kockice
1 glavica luka sitno nasjeckana
5 ml/1 žličica soli
45 ml/3 žlice ulja od kikirikija

Umutiti jaja pa dodati kukuruzno brašno. Dodajte sve preostale sastojke osim ulja. Zagrijte ulje. Smjesu malo po malo sipajte u tavu dok ne dobijete male palačinke širine oko 7,5 cm. Pecite dok dno ne porumeni, zatim okrenite i pecite drugu stranu.

Šunka i piletina Foo Yung

Za 4 osobe

6 tučenih jaja

45 ml/3 žlice kukuruznog brašna (kukuruzni škrob)

100g/4oz šunke narezane na kockice

225 g pilećih prsa, narezanih na kockice

3 ljutike (mladi luk), sitno nasjeckane

5 ml/1 žličica soli

45 ml/3 žlice ulja od kikirikija

Umutiti jaja pa dodati kukuruzno brašno. Dodajte sve preostale sastojke osim ulja. Zagrijte ulje. Smjesu malo po malo sipajte u tavu dok ne dobijete male palačinke širine oko 7,5 cm. Pecite dok dno ne porumeni, zatim okrenite i pecite drugu stranu.

Piletina pržena s đumbirom

Za 4 osobe

1 pile, prerezano na pola
4 zgnječene kriške korijena đumbira
30 ml/2 žlice rižinog vina ili suhog šerija
30 ml/2 žlice soja umaka
5 ml/1 žličica šećera
Pržiti ulje

Stavite piletinu u plitku zdjelu. Pomiješajte đumbir, vino ili šeri, sojin umak i šećer, prelijte preko piletine i utrljajte u kožu. Ostavite da se marinira 1 sat. Zagrijte ulje i pržite piletinu, pola po jednu, dok ne posvijetli. Izvadite iz ulja i ostavite da se malo ohladi dok zagrijavate ulje. Vratite piletinu u tavu i pržite dok ne porumeni i bude pečena. Dobro ocijedite prije posluživanja.

Piletina s đumbirom

Za 4 osobe

225g/8oz piletine, tanko narezane
1 bjelanjak
prstohvat soli
2,5 ml/½ žličice kukuruznog brašna (kukuruzni škrob)
15 ml/1 žlica ulja od kikirikija
10 kriški korijena đumbira
6 gljiva, prepolovljenih
1 mrkva, narezana na ploške
2 mlada luka (mladi luk), narezana na ploške
5 ml/1 žličica rižinog vina ili suhog šerija
5 ml/1 žličica vode
2,5 ml/½ žličice sezamovog ulja

Pomiješajte piletinu s bjelanjkom, soli i kukuruznim škrobom. Zagrijte pola ulja i ispecite piletinu dok lagano ne porumeni pa je izvadite iz tave. Zagrijte preostalo ulje i pržite đumbir, gljive, mrkvu i ljutiku 3 minute. Vratite piletinu u tavu s vinom ili šerijem i vodom i pirjajte dok piletina ne omekša. Poslužite poprskano sezamovim uljem.

Piletina od đumbira s gljivama i kestenom

Za 4 osobe

60 ml/4 žlice ulja od kikirikija
225 g/8 oz luka, narezanog na ploške
450 g pilećeg mesa, narezanog na kockice
100 g šampinjona, narezanih na ploške
30 ml/2 žlice glatkog brašna (višenamjenskog)
60 ml/4 žlice soja umaka
10 ml/2 žličice šećera
sol i svježe mljeveni papar
900 ml/1½ pt/3¾ šalice vruće vode
2 kriške nasjeckanog korijena đumbira
450 g/1 lb vodenog kestena

Zagrijte pola ulja i pržite luk 3 minute pa ga izvadite iz tave. Zagrijte preostalo ulje i pržite piletinu dok lagano ne porumeni.

Dodajte gljive i kuhajte 2 minute. Smjesu pospite brašnom pa dodajte sojin umak, šećer, sol i papar. Ulijte vodu i đumbir, luk i kestene. Pustite da zavrije, poklopite i kuhajte 20 minuta. Maknite poklopac i nastavite kuhati dok se umak ne reducira.

zlatno pile

Za 4 osobe

8 malih komada piletine
300 ml/½ pt/1¼ šalice pileće juhe
45 ml/3 žlice soja umaka
15 ml/1 žlica rižinog vina ili suhog šerija
5 ml/1 žličica šećera
1 korijen đumbira, narezan, nasjeckan

Sve sastojke stavite u veliki lonac, zakuhajte, poklopite i kuhajte oko 30 minuta dok se piletina ne skuha. Maknite poklopac i nastavite kuhati dok se umak ne reducira.

Marinirani zlatni pileći paprikaš

Za 4 osobe

4 komada piletine
300 ml/½ pt/1¼ šalice soja umaka
Pržiti ulje
4 mlada luka (mladi luk), deblje narezana
1 kriška korijena đumbira, nasjeckana
2 crvene paprike, narezane na ploške
3 režnja zvjezdastog anisa
50 g izdanaka bambusa, narezanih
150 ml/1½ pt/½ pune šalice pilećeg temeljca
30 ml/2 žlice kukuruznog brašna (kukuruzni škrob)
60 ml/4 žlice vode
5 ml/1 žličica sezamovog ulja

Piletinu narežite na velike komade i marinirajte u sojinom umaku 10 minuta. Izvadite i ocijedite, a sojin umak ostavite. Zagrijte ulje i pržite piletinu oko 2 minute dok lagano ne porumeni. Izvadite i ocijedite. Ulijte sve osim 30 ml/2 žlice ulja, zatim dodajte ljutiku, đumbir, čili i zvjezdasti anis i pržite 1 minutu. Vratite piletinu u tavu s mladicama bambusa i ostavljenim soja umakom i dodajte dovoljno juhe da prekrije piletinu. Pustite da zavrije i kuhajte oko 10 minuta dok piletina ne omekša. Piletinu izvadite iz umaka šupljikavom žlicom i stavite na topli tanjur za posluživanje. Procijedite umak pa ga vratite u tavu. Pomiješajte kukuruzni škrob i vodu da dobijete pastu, dodajte u umak i kuhajte na laganoj vatri uz miješanje dok se umak ne zgusne.

Zlatni novčići

Za 4 osobe

4 fileta pilećih prsa

30 ml/2 žlice meda

30 ml/2 žlice vinskog octa

30 ml/2 žlice umaka od rajčice (ketchup)

30 ml/2 žlice soja umaka

prstohvat soli

2 češnja češnjaka, zgnječena

5 ml/1 žličica praha pet začina

45 ml/3 žlice glatkog brašna (višenamjenskog)

2 razmućena jaja

5 ml/1 žličica naribanog korijena đumbira

5 ml/1 žličica naribane korice limuna

100g/4oz/1 šalica suhih krušnih mrvica

Pržiti ulje

Stavite piletinu u zdjelu. Pomiješajte med, vinski ocat, kečap, sojin umak, sol, češnjak i pet začina u prahu. Prelijte preko piletine, dobro promiješajte, poklopite i marinirajte u hladnjaku 12 sati.

Piletinu izvadite iz marinade i narežite je na trakice debljine prsta. Pospite brasnom. Istucite jaja, đumbir i koricu limuna. Premažite piletinu smjesom, a zatim i krušnim mrvicama dok se ne ujednači. Zagrijte ulje i pržite piletinu dok ne porumeni.

Piletina kuhana na pari sa šunkom

Za 4 osobe

4 porcije piletine
100g/4oz nasjeckane dimljene šunke
3 ljutike (mladi luk), nasjeckane
15 ml/1 žlica ulja od kikirikija
sol i svježe mljeveni papar
15 ml/1 žlica ravnog lista peršina

Dijelove piletine narežite na komade od 5 cm/1 inča i stavite u posudu prikladnu za pećnicu zajedno sa šunkom i vlascem. Prelijte uljem i začinite solju i paprom pa lagano promiješajte sastojke. Zdjelu stavite na rešetku u kuhalu za kuhanje na pari, poklopite i kuhajte na pari iznad kipuće vode oko 40 minuta dok piletina ne omekša. Poslužite ukrašeno peršinom.

Piletina s Hoisin umakom

Za 4 osobe

4 porcije piletine, prepolovljene
50 g/2 unce/½ šalice kukuruznog brašna (kukuruzni škrob)
Pržiti ulje
10 ml/2 žličice naribanog korijena đumbira
2 glavice luka nasjeckane
225g/8oz cvjetova brokule
1 nasjeckani crveni čili
225g/8oz gljiva
250 ml/8 tečnih oz/1 šalica pileće juhe
45 ml/3 žlice rižinog vina ili suhog šerija
45 ml/3 žlice jabučnog octa
45 ml/3 žlice hoisin umaka
20 ml/4 žličice soja umaka

Polovicom kukuruzne krupice premažite komade piletine. Zagrijte ulje i pržite komade piletine, nekoliko komada odjednom, oko 8 minuta, dok ne porumene i dobro se ispeku. Izvaditi iz posude i ocijediti na kuhinjskom papiru. Uklonite sve osim 30 ml/2 žlice ulja iz tave i pirjajte đumbir 1 minutu. Dodajte luk i pirjajte 1 minutu. Dodajte brokulu, papriku i gljive te pirjajte 2 minute. Pomiješajte juhu sa sačuvanim kukuruznim škrobom i preostalim sastojcima i dodajte u tavu. Pustite da zavrije uz miješanje i kuhajte dok umak ne postane proziran. Vratite piletinu u wok i kuhajte, miješajući, oko 3 minute dok se ne zagrije.

Medena piletina

Za 4 osobe

30 ml/2 žlice ulja od kikirikija (kikiriki).
4 komada piletine
30 ml/2 žlice soja umaka
120 ml/4 fl oz/½ šalice rižinog vina ili suhog šerija
30 ml/2 žlice meda
5 ml/1 žličica soli
1 mladi luk (kapula), nasjeckan
1 kriška korijena đumbira, sitno nasjeckanog

Zagrijte ulje i pržite piletinu sa svih strana dok ne porumeni. Ocijedite višak ulja. Preostale sastojke pomiješajte i ulijte u tepsiju. Zakuhajte, poklopite i kuhajte oko 40 minuta dok se piletina ne skuha.

Kung Pao piletina

Za 4 osobe

450 g/1 lb piletine, narezane na kocke
1 bjelanjak
5 ml/1 žličica soli
30 ml/2 žlice kukuruznog brašna (kukuruzni škrob)
60 ml/4 žlice ulja od kikirikija
25 g suhih crvenih čilija, nasjeckanih
5 ml/1 žličica mljevenog češnjaka
15 ml/1 žlica soja umaka
15 ml/1 žlica rižinog vina ili suhog šerija 5 ml/1 žličica šećera
5 ml/1 žličica vinskog octa
5 ml/1 žličica sezamovog ulja
30 ml/2 žlice vode

Stavite piletinu u zdjelu s bjelanjkom, soli i pola kukuruznog škroba i ostavite da se marinira 30 minuta. Zagrijte ulje i ispecite piletinu dok lagano ne porumeni pa je izvadite iz tave. Zagrijte ulje i pržite čili i češnjak 2 minute. Vratite piletinu u tavu sa soja umakom, vinom ili šerijem, šećerom, vinskim octom i sezamovim uljem i pirjajte 2 minute. Preostalo kukuruzno brašno pomiješajte s vodom, dodajte u tavu i kuhajte na laganoj vatri uz miješanje dok umak ne postane svijetli i gust.

Piletina Sa Porilukom

Za 4 osobe

30 ml/2 žlice ulja od kikirikija (kikiriki).
5 ml/1 žličica soli
225g/8oz poriluka, narezanog na ploške
1 kriška korijena đumbira, nasjeckana
225g/8oz piletine, tanko narezane
15 ml/1 žlica rižinog vina ili suhog šerija
15 ml/1 žlica soja umaka

Zagrijte pola ulja i popržite sol i poriluk dok lagano ne porumene pa izvadite iz tave. Zagrijte preostalo ulje i pržite đumbir i piletinu dok lagano ne porumene. Dodajte vino ili šeri i sojin umak i pržite još 2 minute dok piletina ne bude pečena. Vratite poriluk u tavu i miješajte dok se potpuno ne zagrije. Poslužite odmah.

Piletina s limunom

Za 4 osobe

4 pileća prsa bez kostiju

2 jaja

50 g/2 unce/½ šalice kukuruznog brašna (kukuruzni škrob)

50 g/2 unce/½ šalice glatkog brašna (višenamjenskog)

150 ml/¼ pt/½ velike šalice vode

ulje od kikirikija (kikiriki) za prženje

250 ml/8 tečnih oz/1 šalica pileće juhe

60 ml/5 žlica soka od limuna

30 ml/2 žlice rižinog vina ili suhog šerija

30 ml/2 žlice kukuruznog brašna (kukuruzni škrob)

30 ml/2 žlice pirea od rajčice (pasta)

1 glavica zelene salate

Svaka pileća prsa narežite na 4 dijela. Umutite jaja, kukuruznu krupicu i brašno, dodajući dovoljno vode da dobijete gustu smjesu. Umočite komade piletine u tijesto i miješajte dok se potpuno ne prekriju. Zagrijte ulje i pržite piletinu dok ne porumeni i dobro se ispeče.

U međuvremenu pomiješajte juhu, limunov sok, vino ili šeri, kukuruzni škrob i pire od rajčice te lagano zagrijavajte, miješajući, dok smjesa ne zavrije. Kuhajte na laganoj vatri uz stalno miješanje dok se umak ne zgusne i posvijetli. Piletinu složite na topli pladanj za posluživanje na podlogu od listova zelene salate i prelijte umakom ili poslužite sa strane.

Piletina s limunom pržena

Za 4 osobe

450 g/lb piletine bez kostiju, narezane na kriške
30 ml/2 žlice soka od limuna
15 ml/1 žlica soja umaka
15 ml/1 žlica rižinog vina ili suhog šerija
30 ml/2 žlice kukuruznog brašna (kukuruzni škrob)
30 ml/2 žlice ulja od kikirikija (kikiriki).
2,5 ml/½ žličice soli
2 češnja češnjaka, zgnječena
50 g vodenog kestena narezanog na trakice
50 g izdanaka bambusa, narezanih na trakice
malo kineskog lišća, izrezanog na trakice
60 ml/4 žlice pilećeg temeljca
15 ml/1 žlica pirea od rajčice (pasta)
15 ml/1 žlica šećera
15 ml/1 žlica soka od limuna

Stavite piletinu u zdjelu. Pomiješajte limunov sok, soja umak, vino ili šeri i 15 ml/1 žličice kukuruznog brašna, prelijte preko piletine i ostavite da se marinira 1 sat, povremeno miješajući.

Zagrijte ulje, sol i češnjak dok se češnjak lagano ne zapeče, zatim dodajte piletinu i marinadu i pirjajte oko 5 minuta dok piletina lagano ne porumeni. Dodajte vodene kestene, mladice bambusa i kinesko lišće te uz miješanje pržite još 3 minute ili dok piletina ne bude pečena. Dodajte preostale sastojke i pirjajte oko 3 minute dok umak ne postane proziran i zgusne se.

Pileća jetrica s mladicama bambusa

Za 4 osobe

225 g pileće jetrice narezane na deblje ploške
45 ml/3 žlice rižinog vina ili suhog šerija
45 ml/3 žlice ulja od kikirikija
15 ml/1 žlica soja umaka
100 g izdanaka bambusa, narezanih
100 g vodenog kestena, narezanog na ploške
60 ml/4 žlice pilećeg temeljca
sol i svježe mljeveni papar

Pomiješajte pileća jetrica s vinom ili šerijem i ostavite da odstoje 30 minuta. Zagrijte ulje i pržite pileća jetrica dok lagano ne porumene. Dodajte marinadu, sojin umak, izdanke bambusa, vodene kestene i juhu. Pustite da zavrije i začinite solju i paprom. Poklopite i pirjajte oko 10 minuta dok ne omekša.

Pržene pileće jetrice

Za 4 osobe

450 g/1 lb pileće jetre, prerezane na pola
50 g/2 unce/½ šalice kukuruznog brašna (kukuruzni škrob)
Pržiti ulje

Osušite pileća jetrica pa ih pospite kukuruznim brašnom i otresite višak. Zagrijte ulje i pržite pileća jetrica nekoliko minuta dok ne porumene i dobro se ispeku. Prije posluživanja ocijedite na kuhinjskom papiru.

Pileća jetrica sa snježnim graškom

Za 4 osobe

225 g pileće jetrice narezane na deblje ploške
10 ml/2 žličice kukuruznog brašna (kukuruzni škrob)
10 ml/2 žličice rižinog vina ili suhog šerija
15 ml/1 žlica soja umaka
45 ml/3 žlice ulja od kikirikija
2,5 ml/½ žličice soli
2 kriške nasjeckanog korijena đumbira
100 g/4 unce graška
10 ml/2 žličice kukuruznog brašna (kukuruzni škrob)
60 ml/4 žlice vode

Stavite pileća jetrica u zdjelu. Dodajte kukuruzni škrob, vino ili šeri i sojin umak i dobro promiješajte da se prekrije. Zagrijte pola ulja i popržite sol i đumbir dok lagano ne porumene. Dodajte snježni grašak i pržite ga dok dobro ne bude prekriven uljem, a zatim ga izvadite iz tave. Zagrijte preostalo ulje i pržite pileća jetrica 5 minuta dok ne budu pečena. Pomiješajte kukuruzni škrob i vodu u pastu, dodajte je u tavu i kuhajte na laganoj vatri uz miješanje dok umak ne postane bistar i zgusne se. Grašak vratite u tavu i pirjajte dok se skroz ne zagrije.

Pileća jetrica s tijestom za palačinke

Za 4 osobe

30 ml/2 žlice ulja od kikirikija (kikiriki).
1 luk, narezan na ploške
450 g/1 lb pileće jetre, prerezane na pola
2 stabljike celera, narezane na ploške
120 ml/4 fl oz/½ šalice pileće juhe
15 ml/1 žlica kukuruznog brašna (kukuruzni škrob)
15 ml/1 žlica soja umaka
30 ml/2 žlice vode
Palačinka od tijesta

Zagrijte ulje i pržite luk dok ne omekša. Dodajte pileća jetrica i pirjajte dok ne dobiju boju. Dodajte celer i pirjajte 1 minutu. Dodajte juhu, zakuhajte, poklopite i kuhajte 5 minuta. Pomiješajte kukuruzni škrob, sojin umak i vodu da dobijete pastu, dodajte u tavu i kuhajte na laganoj vatri, miješajući, dok umak ne postane bistar i zgusne se. Smjesu prelijte preko palačinke i poslužite.

Pileća jetrica s umakom od kamenica

Za 4 osobe

45 ml/3 žlice ulja od kikirikija

1 glavica luka nasjeckana

225 g pileće jetrice, prerezane na pola

100 g šampinjona, narezanih na ploške

30 ml/2 žlice umaka od kamenica

15 ml/1 žlica soja umaka

15 ml/1 žlica rižinog vina ili suhog šerija

120 ml/4 fl oz/½ šalice pileće juhe

5 ml/1 žličica šećera

15 ml/1 žlica kukuruznog brašna (kukuruzni škrob)

45 ml/3 žlice vode

Zagrijte pola ulja i pržite luk dok ne omekša. Dodajte pileća jetrica i pržite dok ne porumene. Dodajte gljive i pržite 2 minute. Pomiješajte umak od kamenica, umak od soje, vino ili šeri, juhu i šećer, ulijte u tavu i pustite da zavrije, miješajući. Pomiješajte kukuruzni škrob i vodu da dobijete pastu, dodajte u tavu i kuhajte na laganoj vatri, miješajući dok umak ne postane svijetli i zgusnut, a jetrica mekana.

Pileća jetrica s ananasom

Za 4 osobe

225 g pileće jetrice, prerezane na pola
45 ml/3 žlice ulja od kikirikija
30 ml/2 žlice soja umaka
15 ml/1 žlica kukuruznog brašna (kukuruzni škrob)
15 ml/1 žlica šećera
15 ml/1 žlica vinskog octa
sol i svježe mljeveni papar
100g/4oz komadića ananasa
60 ml/4 žlice pilećeg temeljca

Pileća jetrica blanširajte u kipućoj vodi 30 sekundi i potom ocijedite. Zagrijte ulje i pržite pileća jetrica 30 sekundi. Pomiješajte sojin umak, kukuruzni škrob, šećer, vinski ocat, sol i papar, ulijte u tavu i dobro promiješajte da obložite pileća jetrica. Dodajte komadiće ananasa i juhu te pržite oko 3 minute dok jetrica ne budu kuhana.

Slatko-kisela pileća jetrica

Za 4 osobe

30 ml/2 žlice ulja od kikirikija (kikiriki).
450g/1lb pileće jetrice, narezane na četvrtine
2 zelene paprike, narezane na komade
4 kriške konzerviranog ananasa, narezanog na komade
60 ml/4 žlice pilećeg temeljca
30 ml/2 žlice kukuruznog brašna (kukuruzni škrob)
10 ml/2 žličice soja umaka
100g/4oz/½ šalice šećera
120 ml/4 fl oz/½ šalice vinskog octa
120 ml/4 fl oz/½ šalice vode

Zagrijte ulje i pržite jetrice dok lagano ne porumene pa ih prebacite na topli tanjur za posluživanje. U tavu dodajte paprike i pržite ih 3 minute. Dodajte ananas i juhu, zakuhajte, poklopite i kuhajte 15 minuta. Ostale sastojke pomiješajte dok ne dobijete pastu, dodajte ih u tavu i kuhajte na laganoj vatri uz miješanje dok se umak ne zgusne. Prelijte preko pilećih jetrica i poslužite.

piletina s ličijem

Za 4 osobe

3 pileća prsa

60 ml/4 žlice kukuruznog brašna (kukuruzni škrob)

45 ml/3 žlice ulja od kikirikija

5 mladog luka (mladi luk), narezanog na ploške

1 crvena paprika, narezana na komade

120 ml/4 fl oz/½ šalice umaka od rajčice

120 ml/4 fl oz/½ šalice pileće juhe

5 ml/1 žličica šećera

275 g oguljenog ličija

Pileća prsa prerežite na pola i bacite te bacite kosti i kožu. Svaku prsu izrežite na 6 dijelova. Sačuvajte 5 ml/1 žličicu kukuruznog brašna i ubacite piletinu u ostatak dok se dobro ne prekrije. Zagrijte ulje i pržite piletinu oko 8 minuta dok ne porumeni. Dodajte ljutiku i papar te pirjajte 1 minutu. Pomiješajte umak od rajčice, pola juhe i šećer te umiješajte u wok s ličijem. Zakuhajte, poklopite i kuhajte oko 10 minuta dok se piletina ne skuha. Umiješajte sačuvanu kukuruznu krupicu i juhu, pa sve dodajte u tavu. Kuhajte na laganoj vatri uz miješanje dok umak ne posvijetli i ne zgusne se.

Piletina s liči umakom

Za 4 osobe

225g/8oz piletine

1 mladi luk (mladi luk)

4 vodena kestena

30 ml/2 žlice kukuruznog brašna (kukuruzni škrob)

45 ml/3 žlice soja umaka

30 ml/2 žlice rižinog vina ili suhog šerija

2 bjelanjka

Pržiti ulje

400 g konzerviranog ličija u sirupu

5 žlica pileće juhe

Nasjeckajte (sameljite) piletinu s vlascem i vodenim kestenom. Pomiješajte pola kukuruznog brašna, 30 ml/2 žlice soja umaka, vino ili šeri i snijeg od bjelanjaka. Od smjese oblikujte kuglice veličine oraha. Zagrijte ulje i pržite piletinu dok ne porumeni. Ocijediti na upijajućem papiru.

U međuvremenu lagano zagrijte sirup od ličija s juhom i soja umakom ostavljenim sa strane. Preostali kukuruzni škrob pomiješajte s malo vode, dodajte u tavu i kuhajte na laganoj vatri uz miješanje dok umak posvijetli i zgusne. Dodajte liči i pirjajte da se zagrije. Stavite piletinu na topli pladanj za posluživanje, prelijte ličijem i umakom po vrhu i odmah poslužite.

piletina sa snježnim graškom

Za 4 osobe

225g/8oz piletine, tanko narezane
5 ml/1 žličica kukuruznog brašna (kukuruzni škrob)
5 ml/1 žličica rižinog vina ili suhog šerija
5 ml/1 žličica sezamovog ulja
1 bjelanjak, lagano tučen
45 ml/3 žlice ulja od kikirikija
1 češanj češnjaka, zgnječen
1 kriška korijena đumbira, nasjeckana
100 g/4 unce graška
120 ml/4 fl oz/½ šalice pileće juhe
sol i svježe mljeveni papar

Pomiješajte piletinu s kukuruznim brašnom, vinom ili šerijem, sezamovim uljem i bjelanjkom. Zagrijte pola ulja i popržite češnjak i đumbir dok lagano ne porumene. Dodati piletinu i pržiti dok ne porumeni pa izvaditi iz tave. Zagrijte preostalo ulje i pržite snježni grašak 2 minute. Dodajte juhu, zakuhajte, poklopite i kuhajte 2 minute. Vratite piletinu u tavu i začinite solju i paprom. Kuhajte na laganoj vatri dok se potpuno ne zagrije.

mango piletina

Za 4 osobe

100 g/4 unce/1 šalica glatkog brašna (višenamjenskog)
250 ml/8 tečnih oz/1 šalica vode
2,5 ml/½ žličice soli
prstohvat kvasca
3 pileća prsa
Pržiti ulje
1 kriška korijena đumbira, nasjeckana
150 ml/¼ pt/½ izdašne šalice pilećeg temeljca
45 ml/3 žlice vinskog octa
45 ml/3 žlice rižinog vina ili suhog šerija
20 ml/4 žličice soja umaka
10 ml/2 žličice šećera
10 ml/2 žličice kukuruznog brašna (kukuruzni škrob)
5 ml/1 žličica sezamovog ulja

5 mladog luka (mladi luk), narezanog na ploške
400 g manga iz konzerve, ocijeđenog i narezanog na trakice

Umiješajte brašno, vodu, sol i kvasac. Ostavite da se odmori 15 minuta. Uklonite i bacite kožu i kosti s piletine. Piletinu narežite na tanke trakice. Pomiješajte ih sa smjesom od brašna. Zagrijte ulje i pržite piletinu oko 5 minuta dok ne porumeni. Izvaditi iz posude i ocijediti na kuhinjskom papiru. Izvadite sve osim 15 ml/1 žličice ulja iz woka i pirjajte đumbir dok lagano ne porumeni. Pomiješajte juhu s vinskim octom, vinom ili šerijem, sojinim umakom, šećerom, kukuruznom brašnom i sezamovim uljem. Dodajte u tavu i pustite da zavrije, miješajući. Dodajte ljutiku i pirjajte 3 minute. Dodajte piletinu i mango i pirjajte uz miješanje 2 minute.

Dinja punjena piletinom

Za 4 osobe

350g/12oz pilećeg mesa
6 vodenih kestena
2 jakobove kapice u ljusci
4 kriške korijena đumbira
5 ml/1 žličica soli
15 ml/1 žlica soja umaka

600 ml/1 pt/2½ šalice pileće juhe

8 malih ili 4 srednje dinje dinje

Piletinu, kestene, jakobove kapice i đumbir sitno nasjeckajte i dodajte u sol, soja umak i juhu. Dinjama odrežite vrhove i uklonite sjemenke. Vidio sam gornje rubove. Napunite dinje smjesom od piletine i stavite na rešetku u kuhalo na pari. Kuhajte na pari u kipućoj vodi 40 minuta dok se piletina ne skuha.

Pečena piletina i gljive

Za 4 osobe

45 ml/3 žlice ulja od kikirikija

1 češanj češnjaka, zgnječen

1 mladi luk (kapula), nasjeckan

1 kriška korijena đumbira, nasjeckana

225 g pilećih prsa, narezanih na trakice

225g/8oz gljiva

45 ml/3 žlice soja umaka

15 ml/1 žlica rižinog vina ili suhog šerija

5 ml/1 žličica kukuruznog brašna (kukuruzni škrob)

Zagrijte ulje i popržite češnjak, mladi luk i đumbir dok lagano ne porumene. Dodajte piletinu i pirjajte 5 minuta. Dodajte gljive i pržite ih 3 minute. Dodajte sojin umak, vino ili šeri i kukuruzni škrob i pirjajte oko 5 minuta dok piletina ne bude pečena.

Piletina s gljivama i kikirikijem

Za 4 osobe

30 ml/2 žlice ulja od kikirikija (kikiriki).
2 češnja češnjaka, zgnječena
1 kriška korijena đumbira, nasjeckana
450 g/lb piletine bez kostiju, narezane na kocke
225g/8oz gljiva
100 g izdanaka bambusa, narezanih na trakice
1 zelena paprika, narezana na kockice
1 crvena paprika, narezana na kockice
250 ml/8 tečnih oz/1 šalica pileće juhe
30 ml/2 žlice rižinog vina ili suhog šerija
15 ml/1 žlica soja umaka
15 ml/1 žlica Tabasco umaka

30 ml/2 žlice kukuruznog brašna (kukuruzni škrob)
30 ml/2 žlice vode

Zagrijte ulje, češnjak i đumbir dok češnjak lagano ne porumeni. Dodajte piletinu i pržite dok lagano ne porumeni. Dodajte gljive, mladice bambusa i paprike te pržite 3 minute. Dodajte juhu, vino ili šeri, sojin umak i tabasco umak i pustite da zavrije, miješajući. Poklopite i kuhajte oko 10 minuta dok piletina ne bude pečena. Pomiješajte kukuruzni škrob i vodu i umiješajte u umak. Kuhajte uz miješanje dok umak ne postane svijetli i gust, dodajte još malo temeljca ili vode ako je umak pregust.

Pirjana piletina sa gljivama

Za 4 osobe

6 suhih kineskih gljiva

1 pileća prsa, narezana na tanke ploške

1 kriška korijena đumbira, nasjeckana

2 mlada luka (mladi luk), nasjeckana

15 ml/1 žlica kukuruznog brašna (kukuruzni škrob)

15 ml/1 žlica rižinog vina ili suhog šerija

30 ml/2 žlice vode

2,5 ml/½ žličice soli

45 ml/3 žlice ulja od kikirikija

225g/8oz šampinjona, narezanih

100 g klica soje

15 ml/1 žlica soja umaka

5 ml/1 žličica šećera

120 ml/4 fl oz/½ šalice pileće juhe

Gljive namočite u toploj vodi 30 minuta, a zatim ih ocijedite. Uklonite peteljke i odrežite vrhove. Stavite piletinu u zdjelu. Pomiješajte đumbir, ljutiku, kukuruznu krupicu, vino ili šeri, vodu i sol, dodajte piletini i ostavite da odstoji 1 sat. Zagrijte pola ulja i ispecite piletinu dok lagano ne porumeni pa je izvadite iz tave. Zagrijte preostalo ulje i pržite suhe i svježe gljive te klice graha 3 minute. Dodajte sojin umak, šećer i temeljac, zakuhajte, poklopite i kuhajte 4 minute dok povrće ne omekša. Vratite piletinu u tavu, dobro promiješajte i lagano zagrijte prije posluživanja.

Piletina kuhana na pari s gljivama

Za 4 osobe

4 komada piletine
30 ml/2 žlice kukuruznog brašna (kukuruzni škrob)
30 ml/2 žlice soja umaka
3 ljutike (mladi luk), nasjeckane
2 kriške nasjeckanog korijena đumbira
2,5 ml/½ žličice soli
100 g šampinjona, narezanih na ploške

Narežite komade piletine na komade od 5 cm/2 cm i stavite u posudu prikladnu za pećnicu. Pomiješajte kukuruzni škrob i sojin umak dok ne dobijete pastu, dodajte ljutiku, đumbir i sol te dobro promiješajte s piletinom. Lagano dodajte gljive. Stavite zdjelu na rešetku u kuhalu za kuhanje na pari, poklopite i kuhajte na pari iznad kipuće vode oko 35 minuta dok piletina ne omekša.

Piletina s lukom

Za 4 osobe

60 ml/4 žlice ulja od kikirikija
2 glavice luka nasjeckane
450 g/lb piletine, narezane na kriške
30 ml/2 žlice rižinog vina ili suhog šerija
250 ml/8 tečnih oz/1 šalica pileće juhe
45 ml/3 žlice soja umaka
30 ml/2 žlice kukuruznog brašna (kukuruzni škrob)
45 ml/3 žlice vode

Zagrijte ulje i pržite luk dok lagano ne porumeni. Dodajte piletinu i pržite dok lagano ne porumeni. Dodajte vino ili šeri, temeljac i sojin umak, zakuhajte, poklopite i kuhajte na laganoj vatri 25 minuta dok piletina ne omekša. Pomiješajte kukuruzni škrob i vodu u pastu, dodajte je u tavu i kuhajte na laganoj vatri uz miješanje dok umak ne postane bistar i zgusne se.

Piletina s narančom i limunom

Za 4 osobe

350 g pilećeg mesa narezanog na trakice
30 ml/2 žlice ulja od kikirikija (kikiriki).
2 češnja češnjaka, zgnječena
2 kriške nasjeckanog korijena đumbira
naribana kora ½ naranče
korica ½ limuna
45 ml/3 žlice soka od naranče
45 ml/3 žlice soka od limuna
15 ml/1 žlica soja umaka
3 ljutike (mladi luk), nasjeckane
15 ml/1 žlica kukuruznog brašna (kukuruzni škrob)
45 ml/1 žlica vode

Piletinu blanširajte u kipućoj vodi 30 sekundi i potom ocijedite. Zagrijte ulje i pirjajte češnjak i đumbir 30 sekundi. Dodajte koricu i sok naranče i limuna, sojin umak i ljutiku te pirjajte 2 minute. Dodajte piletinu i pirjajte nekoliko minuta dok piletina ne omekša. Pomiješajte kukuruzni škrob i vodu u pastu, dodajte je u tavu i kuhajte na laganoj vatri uz miješanje dok se umak ne zgusne.

Piletina s umakom od kamenica

Za 4 osobe

30 ml/2 žlice ulja od kikirikija (kikiriki).
1 češanj češnjaka, zgnječen
1 kriška đumbira, sitno nasjeckana
450 g/lb piletine, narezane na kriške
250 ml/8 tečnih oz/1 šalica pileće juhe
30 ml/2 žlice umaka od kamenica
15 ml/1 žlica rižinog vina ili šerija
5 ml/1 žličica šećera

Zagrijte ulje s češnjakom i đumbirom te ih pržite dok lagano ne porumene. Dodajte piletinu i pržite oko 3 minute dok lagano ne porumeni. Dodajte temeljac, umak od kamenica, vino ili šeri i šećer, pustite da zakipi uz miješanje, zatim poklopite i kuhajte oko 15 minuta uz povremeno miješanje dok se piletina ne skuha. Skinite poklopac i nastavite kuhati, miješajući, oko 4 minute, dok se umak ne reducira i zgusne.

paketi piletine

Za 4 osobe

225g/8oz piletine
30 ml/2 žlice rižinog vina ili suhog šerija
30 ml/2 žlice soja umaka
voštani papir ili papir za pečenje
30 ml/2 žlice ulja od kikirikija (kikiriki).
Pržiti ulje

Piletinu narežite na kockice veličine 5 cm/2 cm. Pomiješajte vino ili sherry i soja umak, prelijte preko piletine i dobro promiješajte. Pokrijte i ostavite da odstoji 1 sat uz povremeno miješanje. Izrežite papir na kvadrate 10cm/4cm i premažite uljem. Piletinu dobro ocijedite. Stavite list papira na radnu površinu tako da je jedan kut okrenut prema vama. Stavite komad piletine na kvadrat točno ispod središta, savijte donji kut i ponovno ga savijte kako biste obuhvatili piletinu. Presavijte strane i zatim presavijte gornji kut prema dolje kako biste učvrstili paket. Zagrijte ulje i pecite pakete piletine oko 5 minuta dok ne budu pečeni. Poslužite vruće u papirićima kako bi ih gosti mogli sami otvoriti.

Piletina s kikirikijem

Za 4 osobe

225g/8oz piletine, tanko narezane

1 bjelanjak, lagano tučen

10 ml/2 žličice kukuruznog brašna (kukuruzni škrob)

45 ml/3 žlice ulja od kikirikija

1 češanj češnjaka, zgnječen

1 kriška korijena đumbira, nasjeckana

2 poriluka nasjeckana

30 ml/2 žlice soja umaka

15 ml/1 žlica rižinog vina ili suhog šerija

100g/4oz prženog kikirikija

Pomiješajte piletinu s bjelanjkom i kukuruznim škrobom dok se dobro ne prekrije. Zagrijte pola ulja i pržite piletinu dok ne porumeni pa je izvadite iz tave. Zagrijte preostalo ulje i pržite češnjak i đumbir dok ne omekšaju. Dodajte poriluk i pržite dok lagano ne porumeni. Dodajte sojin umak i vino ili šeri i pirjajte 3 minute. Vratite piletinu u tavu s kikirikijem i pirjajte dok se ne zagrije.

Piletina s maslacem od kikirikija

Za 4 osobe

4 pileća prsa, narezana na kockice

sol i svježe mljeveni papar

5 ml/1 žličica praha pet začina

45 ml/3 žlice ulja od kikirikija

1 glavica luka nasjeckana

2 mrkve, narezane na kockice

1 štapić celera narezan na kockice

300 ml/½ pt/1¼ šalice pileće juhe

10 ml/2 žličice pirea od rajčice (pasta)

100g/4oz maslaca od kikirikija

15 ml/1 žlica soja umaka

10 ml/2 žličice kukuruznog brašna (kukuruzni škrob)

prstohvat smeđeg šećera

15 ml/1 žlica nasjeckanog vlasca

Začinite piletinu solju, paprom i pet začina u prahu. Zagrijte ulje i pržite piletinu dok ne omekša. Izvadite iz posude. Dodajte povrće i pržite dok ne omekša, ali još uvijek bude hrskavo. Pomiješajte temeljac s ostalim sastojcima osim vlasca, umiješajte u tavu i pustite da zavrije. Vratite piletinu u tavu i zagrijte miješajući. Poslužite posipano šećerom.

piletina sa zelenim graškom

Za 4 osobe

60 ml/4 žlice ulja od kikirikija
1 glavica luka nasjeckana
450g/1lb piletine narezane na kockice
sol i svježe mljeveni papar
100 g graška
2 štapića celera, nasjeckana
100g/4oz nasjeckanih gljiva
250 ml/8 tečnih oz/1 šalica pileće juhe
15 ml/1 žlica kukuruznog brašna (kukuruzni škrob)
15 ml/1 žlica soja umaka
60 ml/4 žlice vode

Zagrijte ulje i popržite luk dok lagano ne porumeni. Dodajte piletinu i pržite dok ne porumeni. Posolite i popaprite te dodajte grašak, celer i gljive te dobro promiješajte. Dodajte juhu, zakuhajte, poklopite i kuhajte 15 minuta. Pomiješajte kukuruzni škrob, sojin umak i vodu da dobijete pastu, dodajte u tavu i kuhajte na laganoj vatri, miješajući, dok umak ne postane bistar i zgusne se.

Pekinška piletina

Za 4 osobe

4 porcije piletine
sol i svježe mljeveni papar
5 ml/1 žličica šećera
1 mladi luk (kapula), nasjeckan
1 kriška korijena đumbira, nasjeckana
15 ml/1 žlica soja umaka
15 ml/1 žlica rižinog vina ili suhog šerija
15 ml/1 žlica kukuruznog brašna (kukuruzni škrob)
Pržiti ulje

Dijelove piletine stavite u plitku zdjelu i pospite solju i paprom. Pomiješajte šećer, vlasac, đumbir, sojin umak i vino ili šeri, natrljajte piletinu, poklopite i ostavite da se marinira 3 sata. Ocijedite piletinu i pospite je kukuruznom krupom. Zagrijte ulje i pržite piletinu dok ne porumeni i dobro se ispeče. Dobro ocijedite prije posluživanja.

Piletina Sa Paprikom

Za 4 osobe

60 ml/4 žlice soja umaka

45 ml/3 žlice rižinog vina ili suhog šerija

45 ml/3 žlice kukuruznog brašna (kukuruzni škrob)

450 g/1 lb nasjeckane piletine (mljevene)

60 ml/4 žlice ulja od kikirikija

2,5 ml/½ žličice soli

2 češnja češnjaka, zgnječena

2 crvene paprike, narezane na kockice

1 zelena paprika, narezana na kockice

5 ml/1 žličica šećera

300 ml/½ pt/1¼ šalice pileće juhe

Pomiješajte pola soja umaka, pola vina ili šerija i pola kukuruzne krupice. Prelijte preko piletine, dobro promiješajte i ostavite da se marinira najmanje 1 sat. Zagrijte pola ulja sa soli i češnjakom dok češnjak lagano ne porumeni. Dodajte piletinu i marinadu i pirjajte oko 4 minute dok piletina ne pobijeli, a zatim je izvadite iz posude. U tavu dodajte preostalo ulje i pirjajte paprike 2 minute. Dodajte šećer u tavu s ostatkom soja umaka, vina ili šerija i kukuruznog škroba i dobro promiješajte. Dodajte temeljac, zakuhajte pa uz miješanje kuhajte dok se umak ne zgusne. Vratite piletinu u tavu, poklopite i pirjajte 4 minute dok se piletina ne skuha.

Pirjana piletina sa paprikom

Za 4 osobe

1 pileća prsa, narezana na tanke ploške

2 kriške nasjeckanog korijena đumbira

2 mlada luka (mladi luk), nasjeckana

15 ml/1 žlica kukuruznog brašna (kukuruzni škrob)

30 ml/2 žlice rižinog vina ili suhog šerija

30 ml/2 žlice vode

2,5 ml/½ žličice soli

45 ml/3 žlice ulja od kikirikija

100 g vodenog kestena, narezanog na ploške

1 crvena paprika, narezana na trakice

1 zelena paprika, narezana na trakice

1 žuta paprika, narezana na trakice
30 ml/2 žlice soja umaka
120 ml/4 fl oz/½ šalice pileće juhe

Stavite piletinu u zdjelu. Pomiješajte đumbir, ljutiku, kukuruznu krupicu, vino ili šeri, vodu i sol, dodajte piletini i ostavite da odstoji 1 sat. Zagrijte pola ulja i ispecite piletinu dok lagano ne porumeni pa je izvadite iz tave. Zagrijte preostalo ulje i pržite vodene kestene i papriku 2 minute. Dodajte sojin umak i temeljac, zakuhajte, poklopite i kuhajte 5 minuta dok povrće ne omekša. Vratite piletinu u tavu, dobro promiješajte i lagano zagrijte prije posluživanja.

piletina i ananas

Za 4 osobe

30 ml/2 žlice ulja od kikirikija (kikiriki).

5 ml/1 žličica soli

2 češnja češnjaka, zgnječena

450 g/lb piletine bez kostiju, tanko narezane

2 luka, narezana na ploške

100 g vodenog kestena, narezanog na ploške

100g/4oz komadića ananasa

30 ml/2 žlice rižinog vina ili suhog šerija

450 ml/¾ pt/2 šalice pilećeg temeljca

5 ml/1 žličica šećera

svježe mljeveni papar

30 ml/2 žlice soka od ananasa

30 ml/2 žlice soja umaka

30 ml/2 žlice kukuruznog brašna (kukuruzni škrob)

Zagrijte ulje, sol i češnjak dok se češnjak lagano ne zapeče. Dodajte piletinu i pirjajte 2 minute. Dodajte luk, vodene kestene i ananas te pirjajte 2 minute. Dodajte vino ili sherry, juhu i šećer te začinite paprom. Pustite da zavrije, poklopite i kuhajte 5 minuta. Pomiješajte sok od ananasa, sojin umak i kukuruzno brašno. Ulijte u tavu i kuhajte na laganoj vatri miješajući dok se umak ne zgusne i posvijetli.

Piletina s ananasom i ličijem

Za 4 osobe

30 ml/2 žlice ulja od kikirikija (kikiriki).

225g/8oz piletine, tanko narezane

1 kriška korijena đumbira, nasjeckana

15 ml/1 žlica soja umaka

15 ml/1 žlica rižinog vina ili suhog šerija

200 g konzerviranih komadića ananasa u sirupu

200 g konzerviranog ličija u sirupu

15 ml/1 žlica kukuruznog brašna (kukuruzni škrob)

Zagrijte ulje i pržite piletinu dok ne dobije svijetlu boju. Dodajte soja umak i vino ili šeri i dobro promiješajte. Odmjerite 250 ml/8 tečnih oz/1 šalicu miješanog sirupa od ananasa i ličija i ostavite 30 ml/2 žlice. Ostatak dodajte u tavu, zakuhajte i pirjajte nekoliko minuta dok piletina ne omekša. Dodajte komadiće ananasa i liči. Kukuruzni škrob pomiješajte sa ostavljenim sirupom, dodajte u tavu i kuhajte na laganoj vatri uz miješanje dok umak ne postane proziran i zgusne se.

Piletina sa svinjetinom

Za 4 osobe

1 pileća prsa, narezana na tanke ploške
100g/4oz nemasne svinjetine, tanko narezane
60 ml/4 žlice soja umaka
15 ml/1 žlica kukuruznog brašna (kukuruzni škrob)
1 bjelanjak
45 ml/3 žlice ulja od kikirikija
3 kriške nasjeckanog korijena đumbira
50 g izdanaka bambusa, narezanih
225g/8oz šampinjona, narezanih
225g/8oz nasjeckanih kineskih listova
120 ml/4 fl oz/½ šalice pileće juhe

30 ml/2 žlice vode

Pomiješajte piletinu i svinjetinu. Pomiješajte sojin umak, 5 ml/1 žličicu kukuruznog brašna i bjelanjak i umiješajte u piletinu i svinjetinu. Ostavite da se odmori 30 minuta. Zagrijte pola ulja i popržite piletinu i svinjetinu dok lagano ne porumene pa ih izvadite iz tave. Zagrijte preostalo ulje i popržite đumbir, mladice bambusa, gljive i kinesko lišće dok se dobro ne obliže u ulju. Dodajte juhu i pustite da prokuha. Vratite smjesu s piletinom u tavu, poklopite i pirjajte oko 3 minute dok meso ne omekša. Preostali kukuruzni škrob pomiješajte u pastu s vodom, umiješajte u umak i kuhajte na laganoj vatri uz miješanje dok se umak ne zgusne. Poslužite odmah.

Pirjana piletina s krumpirom

Za 4 osobe

4 komada piletine
45 ml/3 žlice ulja od kikirikija
1 luk, narezan na ploške
1 češanj češnjaka, zgnječen
2 kriške nasjeckanog korijena đumbira
450 ml/¾ pt/2 šalice vode

45 ml/3 žlice soja umaka
15 ml/1 žlica smeđeg šećera
2 krumpira, narezana na kockice

Narežite piletinu na komade veličine 5 cm/2. Zagrijte ulje i popržite luk, češnjak i đumbir dok lagano ne porumene. Dodajte piletinu i pržite dok lagano ne porumeni. Dodajte vodu i sojin umak i zakuhajte. Dodajte šećer, poklopite i kuhajte oko 30 minuta. Dodajte krumpir u tavu, poklopite i pirjajte još 10 minuta dok piletina ne omekša, a krumpir se skuha.

Five spice piletina s krumpirom

Za 4 osobe
45 ml/3 žlice ulja od kikirikija
450g/1lb piletine, narezane na komade
sol
45 ml/3 žlice paste od žutog graha
45 ml/3 žlice soja umaka
5 ml/1 žličica šećera
5 ml/1 žličica praha pet začina
1 krumpir, izrezan na kockice
450 ml/¾ pt/2 šalice pilećeg temeljca

Zagrijte ulje i pržite piletinu dok lagano ne porumeni. Pospite solju, zatim dodajte pastu od graha, sojin umak, šećer i pet začina u prahu i miješajući pržite 1 minutu. Dodajte krumpir i dobro promiješajte, zatim dodajte temeljac, zakuhajte, poklopite i pirjajte oko 30 minuta dok ne omekša.

Crvena kuhana piletina

Za 4 osobe

450 g/lb piletine, narezane na kriške
120 ml/4 fl oz/½ šalice soja umaka
15 ml/1 žlica šećera
2 kriške korijena đumbira, sitno nasjeckanog
90 ml/6 žlica pileće juhe
30 ml/2 žlice rižinog vina ili suhog šerija
4 mlada luka (mladi luk), narezana na ploške

Stavite sve sastojke u tavu i zakuhajte. Poklopite i kuhajte oko 15 minuta dok piletina ne bude pečena. Skinite poklopac i nastavite kuhati oko 5 minuta, povremeno miješajući, dok se umak ne zgusne. Poslužite posuto vlascem.

Pileće mesne okruglice

Za 4 osobe

225g/8oz mljevene piletine (mljevene)
3 nasjeckana vodena kestena
1 mladi luk (kapula), nasjeckan
1 kriška korijena đumbira, nasjeckana
2 bjelanjka
5 ml/2 žličice soli
5 ml/1 žličica svježe mljevenog papra
120 ml/4 fl oz/½ šalice ulja od kikirikija
5 ml/1 žličica nasjeckane šunke

Pomiješajte piletinu, kestene, pola vlasca, đumbir, snijeg od bjelanjaka, sol i papar. Oblikujte kuglice i pritiskajte ih dok ne budu ravne. Zagrijte ulje i pržite ćufte dok ne porumene, okrećući ih jednom. Poslužite posuto preostalim vlascem i šunkom.

Slana piletina

Za 4 osobe

30 ml/2 žlice ulja od kikirikija (kikiriki).

4 komada piletine

3 ljutike (mladi luk), nasjeckane

2 češnja češnjaka, zgnječena

1 kriška korijena đumbira, nasjeckana

120 ml/4 fl oz/½ šalice soja umaka

30 ml/2 žlice rižinog vina ili suhog šerija

30 ml/2 žlice smeđeg šećera

5 ml/1 žličica soli

375 ml/13 fl oz/1 ½ šalice vode

15 ml/1 žlica kukuruznog brašna (kukuruzni škrob)

Zagrijte ulje i pržite komade piletine dok ne porumene. Dodajte ljutiku, češnjak i đumbir i pirjajte 2 minute. Dodajte sojin umak, vino ili šeri, šećer i sol i dobro promiješajte. Dodajte vodu i zakuhajte, poklopite i kuhajte 40 minuta. Kukuruzni škrob pomiješajte s malo vode, dodajte u umak i kuhajte na laganoj vatri uz miješanje dok se umak ne izbistri i ne zgusne.

Piletina sa sezamovim uljem

Za 4 osobe

90 ml/6 žlica ulja od kikirikija
60 ml/4 žlice sezamovog ulja
5 kriški korijena đumbira
4 komada piletine
600 ml/1 pt/2½ šalice rižinog vina ili suhog šerija
5 ml/1 žličica šećera
sol i svježe mljeveni papar

Zagrijte ulja i pržite đumbir i piletinu dok lagano ne porumene. Dodajte vino ili sherry i začinite šećerom, soli i paprom.

Pustite da zakipi i pirjajte nepoklopljeno dok piletina ne omekša i umak se reducira. Poslužite u zdjelicama.

Sherry piletina

Za 4 osobe

30 ml/2 žlice ulja od kikirikija (kikiriki).
4 komada piletine
120 ml/4 fl oz/½ šalice soja umaka
500 ml/17 tečnih oz/2¼ šalice rižinog vina ili suhog šerija
30ml/2 žlice šećera
5 ml/1 žličica soli
2 češnja češnjaka, zgnječena
1 kriška korijena đumbira, nasjeckana

Zagrijte ulje i pržite piletinu sa svih strana dok ne porumeni. Ocijedite višak ulja i dodajte sve preostale sastojke. Pustite da zavrije, poklopite i kuhajte 25 minuta na prilično jakoj vatri. Smanjite vatru i kuhajte još 15 minuta dok se piletina ne skuha i umak ne reducira.

Piletina sa soja umakom

Za 4 osobe

350g piletine narezane na kockice
2 mlada luka (mladi luk), nasjeckana
3 kriške nasjeckanog korijena đumbira
15 ml/1 žlica kukuruznog brašna (kukuruzni škrob)
30 ml/2 žlice rižinog vina ili suhog šerija
30 ml/2 žlice vode
45 ml/3 žlice ulja od kikirikija
60 ml/4 žlice gustog soja umaka
5 ml/1 žličica šećera

Pomiješajte piletinu, mladi luk, đumbir, kukuruzni škrob, vino ili šeri i vodu i ostavite da odstoji 30 minuta, povremeno miješajući. Zagrijte ulje i pržite piletinu oko 3 minute dok lagano ne porumeni. Dodajte soja umak i šećer i pržite oko 1 minutu dok piletina ne bude kuhana i omekšana.

Začinjena pečena piletina

Za 4 osobe

150 ml/¼ pt/½ velike šalice soja umaka

2 češnja češnjaka, zgnječena

50 g/2oz/¼ šalice smeđeg šećera

1 glavica luka sitno nasjeckana

30 ml/2 žlice pirea od rajčice (pasta)

1 kriška limuna, nasjeckana

1 kriška korijena đumbira, nasjeckana

45 ml/3 žlice rižinog vina ili suhog šerija

4 velika komada piletine

Pomiješajte sve sastojke osim piletine. Stavite piletinu na lim za pečenje, prelijte smjesu preko vrha, pokrijte i marinirajte preko noći, povremeno četkajući. Pecite piletinu u prethodno zagrijanoj pećnici na 180°C/350°F/plinska oznaka 4 40 minuta, povremeno okrećući i četkajući. Uklonite poklopac, povećajte temperaturu pećnice na 200°C/400°F/plinska oznaka 6 i nastavite kuhati još 15 minuta dok piletina ne bude potpuno pečena.

Piletina sa špinatom

Za 4 osobe

100g/4oz mljevene piletine
15 ml/1 žlica nasjeckane masti od šunke
175 ml/6 tečnih oz/¾ šalice pileće juhe
3 bjelanjka lagano istučena
sol
5 ml/1 žličica vode
450 g/lb špinata, sitno nasjeckanog
5 ml/1 žličica kukuruznog brašna (kukuruzni škrob)
45 ml/3 žlice ulja od kikirikija

Pomiješajte piletinu, mast od šunke, 150 ml/¼ pt/½ šalice dosta pileće juhe, bjelanjke, 5 ml/1 žličicu soli i vodu. Pomiješajte špinat s preostalom juhom, prstohvatom soli i kukuruznim škrobom razmućenim u malo vode. Zagrijte pola ulja, dodajte smjesu špinata u tavu i neprestano miješajte na laganoj vatri dok se ne zagrije. Prebacite na topli tanjur za posluživanje i držite na toplom. Zagrijte preostalo ulje i pržite smjesu piletine u serijama dok ne pobijeli i postane čvrsta. Po vrhu rasporedite špinat i odmah poslužite.

Marinirana svinjetina sa kupusom

Za 4 osobe

350g/12oz svinjska potrbušina
2 mlada luka (mladi luk), nasjeckana
1 kriška korijena đumbira, nasjeckana
1 štapić cimeta
3 režnja zvjezdastog anisa
45 ml/3 žlice smeđeg šećera
600 ml/1 pt/2½ šalice vode
15 ml/1 žlica ulja od kikirikija
15 ml/1 žlica soja umaka
5 ml/1 žličica pirea od rajčice (pasta)
5 ml/1 žličica umaka od kamenica
100 g srca kineskog kupusa
100g/4oz pak choi

Svinjetinu narežite na komade od 10 cm/4 inča i stavite u zdjelu. Dodajte vlasac, đumbir, cimet, zvjezdasti anis, šećer i vodu te ostavite da odstoji 40 minuta. Zagrijte ulje, izvadite svinjetinu iz marinade i dodajte je u tavu. Pržite dok lagano ne porumene pa dodajte sojin umak, pire od rajčice i umak od kamenica. Pustite da zavrije i kuhajte oko 30 minuta dok svinjetina ne omekša i tekućina se smanji, a tijekom kuhanja po potrebi dodajte još malo vode.

U međuvremenu kuhajte na pari srca kupusa i pak choi u kipućoj vodi oko 10 minuta dok ne omekšaju. Složite na topli pladanj za posluživanje, nadjenite svinjetinu i prelijte umakom.

www.ingramcontent.com/pod-product-compliance
Lightning Source LLC
Chambersburg PA
CBHW071850110526
44591CB00011B/1363